黑龙江省社会科学研究规划项目："一带一路"背景下外宣报道语言政策的话语视角研究（项目批准号：20YYC145）

人民日报学术文库

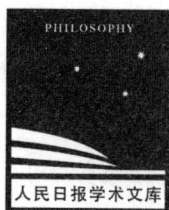

"一带一路"背景下
外宣报道语言政策的话语视角研究

龙 飞 | 著

人民日报出版社

北京

图书在版编目（CIP）数据

"一带一路"背景下外宣报道语言政策的话语视角研究 / 龙飞
著 . —北京：人民日报出版社，2023.8
ISBN 978-7-5115-7919-5

Ⅰ . ① 一… Ⅱ . ① 龙… Ⅲ . ① 中国对外政策 – 宣传工作 – 语
言政策 – 研究 Ⅳ . ① D820.2

中国国家版本馆 CIP 数据核字（2023）第 138920 号

书　　名：**"一带一路"背景下外宣报道语言政策的话语视角研究**
　　　　　"YI DAI YI LU" BEIJING XIA WAIXUAN BAODAO YUYAN ZHENGCE DE
　　　　　HUAYU SHIJIAO YANJIU

著　　者：龙　飞

出 版 人：刘华新
责任编辑：谢广灼

出版发行：人民日报出版社
社　　址：北京金台西路 2 号
邮政编码：100733
发行热线：（010）65369509　65369527　65369846　65363528
邮购热线：（010）65369530　65363527
编辑热线：（010）65369521
网　　址：www.peopledailypress.com
经　　销：新华书店
印　　刷：三河市华东印刷有限公司
法律顾问：北京科宇律师事务所　010-83622312

开　　本：710 毫米 × 1000 毫米　1/16
字　　数：146 千字
印　　张：11.75
版次印次：2024 年 1 月第 1 版　　2024 年 1 月第 1 次印刷

书　　号：ISBN 978-7-5115-7919-5
定　　价：85.00 元

目　录
CONTENTS

1 绪 论

1.1 研究缘起

"一带一路"的外宣报道，是国内外了解"一带一路"倡议的重要途径。本课题选择从语言政策的话语研究路向（discursive approaches to language policy，DALP）对"一带一路"外宣报道进行考量，是由于 DALP 是近年来语言政策研究的新趋势，逐渐形成了一套较为完善的理论体系、研究方法和分析框架（Barakos & Unger 2016）。DALP 以问题研究为导向，指出语言政策话语实践中的问题，对语言政策及其实践进行语篇、语境和社会历史层面的分析。因此，语言政策下的外宣报道表述，成为宣传"一带一路"的重要载体和形式。

迄今为止，对于新闻语篇的批评性分析已经取得丰硕成果，从最初基于传统的系统功能语言学研究方法对新闻语篇的结构、修辞策略以及两者所体现意识形态进行研究，到 21 世纪初将认知语言学理论框架融入批评话语分析的研究中。目前对语篇的批评性分析绝大部分聚焦在政治语篇、媒体话语、公共政策等官方话语和大众语篇层面，还有一些重要的话题研究，如讨论种族歧视的移民语篇（immigration iscourse）、讨论性别歧视的女性语篇研究等。从语篇的研究对象来说，本书研究的是新闻语篇中有关"一带一路"的外宣报道。运用批评认知语言学的视角对新闻语篇语言政策进行解读是近年来话语分析研究的趋势和新增长点，也是本研究的主要贡献。

1.2　研究内容和思路

本研究遵循"提出问题—理论研究—实证研究—模型建构"的逻辑思路进行研究内容的安排，以"语篇话题—宏观策略—子策略—认知机制"为多元视角（见图1），对"一带一路"背景下外宣报道的语言政策进行理论和实证研究。

第1步：建库。分类建立外宣报道话题语料库并标注语料。

第2步：探理。将认知机制融合语言政策分析理论，提炼理论框架。

第3步：识解。分析语料的话语策略、解读认知机制，找出二者之间的互动机制。

第4步：建模。据分析结果，构建"一带一路"背景下外宣报道语言政策的认知机制与话语策略互动模型。

本书选取海外网丝路频道"一带一路"新闻报道作为研究对象有三方面的考虑。一是"一带一路"外宣报道是国内外了解"一带一路"倡议的重要途径，值得对其从话语的路向进行语言政策方面的分析。二是如今新闻语篇的外宣报道已经成为一个相对稳定的语类，外宣报道语

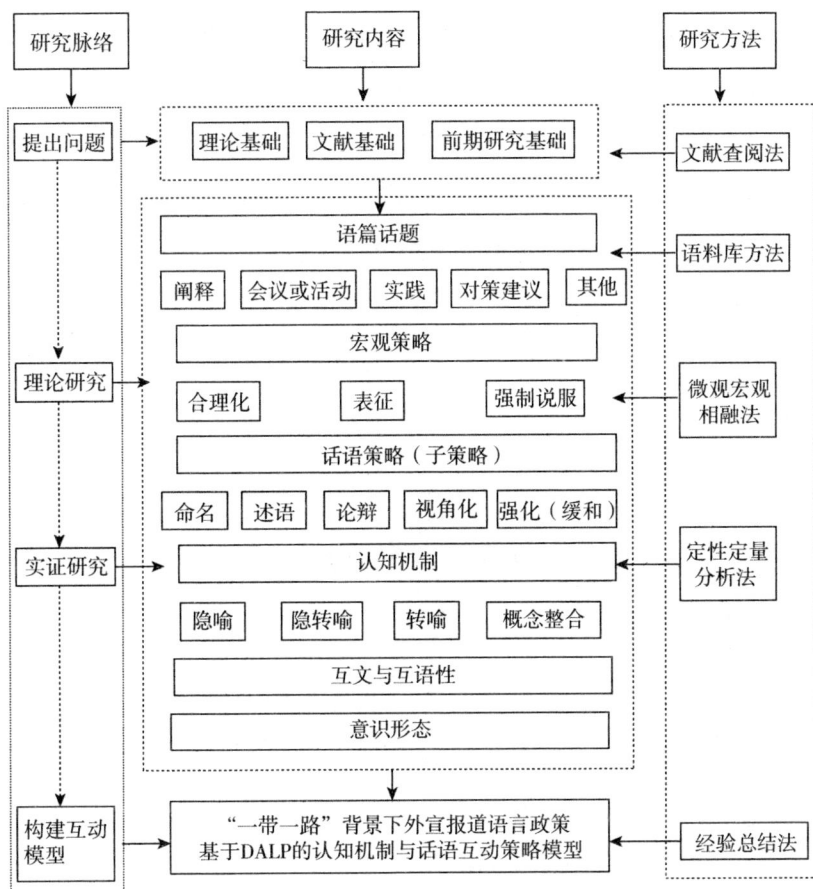

研究脉络　　　研究内容　　　研究方法

提出问题 → 理论基础　文献基础　前期研究基础 ← 文献查阅法

语篇话题 ← 语料库方法

阐释　会议或活动　实践　对策建议　其他

宏观策略

理论研究 → 合理化　　表征　　　强制说服 ← 微观宏观相融法

话语策略（子策略）

命名　述语　论辩　视角化　强化（缓和）

实证研究 → 认知机制 ← 定性定量分析法

隐喻　隐转喻　转喻　概念整合

互文与互语性

意识形态

构建互动模型 → "一带一路"背景下外宣报道语言政策基于DALP的认知机制与话语互动策略模型 ← 经验总结法

图1　研究思路

篇分析主要研究语言学视角中有关语言政策话语实践中的问题，对语言政策及其实践进行语篇、语境和社会历史层面的分析。三是近年来以DALP为理论框架的话语分析已经成为语言政策研究的新趋势，而将认知语言学与其融合，突破传统DALP分析中多从社会学的角度关注批评语言政策（critical language policy，CLP）的做法，为新闻语篇分析注入了新的活力。国内外学者运用DALP理论分析语言政策的成果为本研究提供了宝贵的借鉴。

本研究框架主要建立在 DALP 与认知语言学理论相结合的基础上，将认知语言学中的一些基本观点和理论假设运用于"一带一路"新闻语篇的批评性分析中。从批评认知的角度探讨其话语空间的构造，体现"一带一路"新闻语篇在概念化的过程中如何再现意识形态。旨在揭示语言政策隐含的权力、认同和意识形态等核心问题，进而推动 DALP 在外宣报道传播领域的发展。并希望证明认知语言学与 DALP 的融合在分析外宣报道中的价值，为解读新闻语篇提供一种具有认知话语分析特点的研究模式。

1.3　研究方法

研究的目的是建立"一带一路"背景下语言政策的认知机制与话语策略模型。基于此，首先，我们需要收集海外网丝路频道有关"一带一路"报道的语料，并对其分类；其次，根据认知机制和话语策略对所收集语料的语言政策进行识解；最后，总结二者之间的互动模型。

本研究在哲学方法的指导下，运用如下具体方法对"一带一路"背景下语言政策的外宣报道视角展开研究。

（1）文献查阅法。通过查阅国内外相关文献，梳理现阶段国内外对于语言政策的话语研究路向，力图归纳基于 DALP 的话语分析模型的理论架构。

（2）语料库方法。通过自然观察法和人工提取法，自建海外网丝路频道"一带一路"报道语料库，对其时间、板块、体裁和主题进行整理归类和标记，探究言语政策的隐性内容。

（3）微观宏观相融法。采用宏观策略、微观策略与认知机制相结合的理论构建方法。宏观策略是框架，微观策略是具体实施的细节，从而依据识解操作判断认知机制与话语策略之间的关系。

（4）定性定量分析法。采用定性定量相结合的方法，根据筛选后的语料，拟从中随机抽取 200 篇样本（总样本的 43%）用于具体个案分析。再基于定量分析的结果分析，尝试作出定性研究的结论。

1.4 研究意义

语言政策是一种意识形态现象，对语言和语言使用者价值的意识形态进行构造、承载（transports）和再语境化（Barakos & Unger 2016：2）。而话语分析，特别是批评话语分析（critical discourse analysis，CDA），也关注如何透过话语，分析其隐含的权力、意识形态和认同等问题。两者的共性是都涉及"批评"转向问题。因此，DALP 聚焦于从批评的视角对语言政策及其实践进行语篇、语境和社会历史层面的分析，这里的"批评"指以问题研究为导向，指出语言政策话语实践中的问题，挑战规范假设（Barakos & Unger 2016）。本研究兼具理论和实践意义。

1.4.1 理论意义

（1）本研究在 DALP 的理论基础上，突破传统 DALP 分析中过于从社会学的角度对批评语言政策的研究，弥补了语篇认知视角不够的局限性。

（2）本研究将 DALP 的基本理论和方法运用于"一带一路"新闻语篇的分析，解读外宣报道组织和表达背后的语言政策认知机制，揭示其作为特定话语策略所包含的意识形态意义,为 DALP 的研究提供新的视野。

(3)通过对外宣报道新闻语篇话语策略进行分析,探讨语篇背后的隐性话语,揭示语篇生成者如何通过话语策略来实现宏观结构与语言、社会的微观过程是如何结合和互动的,即语言政策作为社会和话语实践,其中新闻话语在意识形态、话语实践和结构层面处于核心位置,语言政策是意义构建活动中的一种,在某一具体语境中受社会参与者的引导,增强对语言政策过程中结构和能动性关系的理解。

1.4.2 实践意义

(1)对大量文本语料进行系统研究,力图发现显性语言政策与隐性语言政策,探究两者的互动关系,证明 DALP 对于不同语篇的解释力。

(2)通过 DALP 分析"一带一路"新闻语篇的时空性,从批评认知的角度探讨其话语空间的构造,体现新闻语篇在概念化的过程中是如何再现意识形态的,揭示语言政策隐含的权力、认同和意识形态等核心问题,推动 DALP 在外宣报道传播领域的发展。

(3)提供新闻语篇中 DALP 的具体分析策略,扩大对语言政策的概念化和语言政策活动语境的理解,从话语视角探讨人类能动性与社会构建语言意识形态的相互关系,为培养专业人才解读语言中的意识形态意义,了解语言的社会功能和语篇所承载的社会意义提供参考。

1.5　研究对象和目标

1.5.1　研究对象

本研究利用语料库这一现代研究手段，以海外网丝路频道 2017 年 5 月 10 日至 2021 年 7 月 19 日关于"一带一路"的外宣报道 200 篇作为研究对象。具体研究包括：

（1）分析"一带一路"外宣报道语言政策的认知机制。

（2）解读 DALP 框架下"一带一路"外宣报道语言政策的话语策略。

（3）提炼"一带一路"外宣报道语言政策的认知机制与话语策略的互动模型。

1.5.2　研究目标

总目标：以语言政策的话语研究路向为视角，解读"一带一路"背景下外宣报道话语策略所包含的意识形态意义，旨在探索隐藏语言政策中的认知机制与话语策略，以及二者之间的关系。

分目标：

（1）从 DALP 的视角对"一带一路"外宣报道策略进行分析，旨在提出问题。

（2）探索隐藏在外宣报道中的认知机制与话语策略，旨在解释问题。

（3）揭示语言政策背后的权力和意识形态，旨在解决问题。

1.6　研究框架

研究由四大板块建构框架。

第一部分　"一带一路"外宣报道语料收集

对海外网丝路频道"一带一路"报道文本进行整理和统计。报道数量及时间方面，选取样本时间从 2017 年 5 月 10 日至 2021 年 7 月 19 日，报道共计 200 篇。报道板块方面，丝路频道共包括六个板块：丝路头条、丝路经济带、丝路游记、博展会馆、道路连通和资本力量。报道的体裁分为消息、通讯、评论、专访及其他共五类，其中，"其他"主要包括发言稿、自述、图片等。报道主题方面，海外网对"一带一路"的报道主题涉及广泛，本研究根据报道内容将主题分为：对"一带一路"的阐释、关于"一带一路"的会议或活动、各地区或个人在各领域对"一带一路"的实践、为"一带一路"发展提出对策与建议及其他共五类。

第二部分　分析"一带一路"外宣报道语言政策的认知机制

语篇的认知机制既是语言政策制定者实现驱动的方法，也是话语理解者理解话语目的的重要环节。从政策制定者的角度来说，为达到政策驱动的目的，可以采用不同的语言手段，如隐喻、转喻、概念整合等方法。从话语政策理解者来说，通过对政策认知机制的解读，可以更好地理解政策制定者想要实现的话语目的。因此，解读话语的认知机制是解释话语生成者与话语理解者之间关系的重要途径。将认知语言学理论与 DALP 理论中的批评语言政策相结合，从批评认知的视角探讨"一带一路"外宣报道语言政策的认知机制。

第三部分 解读"一带一路"外宣报道语言政策的话语策略

基于语言政策的话语分析框架，从认知的角度出发，探讨海外网丝路频道"一带一路"报道所使用的不同话语策略。话语策略分为宏观策略和微观策略，宏观策略从批评认知的视角对语篇的认知基础进行宏观概括和理论梳理，从宏观上解释语篇的认知机制。微观话语策略，指在具体的话语实践中政策制定者用来实现不同意识形态目的所采取的策略。本课题主要依据劳顿（Lawton 2016）提出语篇层面的话语策略，重点探讨指称策略、述谓策略、接近策略在报道中是如何再现政策制定者意识形态意义的。

第四部分 "一带一路"外宣报道语言政策的认知机制与话语策略的互动研究

鉴于 DALP 关注宏观和微观辩证关系的问题化和再概念化，根据劳顿（Lawton 2011）提出的语言政策的话语分析框架，宏观话语策略主要包括：合理化、表征和强制说服。通过宏观策略分析"一带一路"主体思想如何对外传播。语篇层面主要体现在对不同话语策略的识解操作的认知解读上。语言层面的话语实现方式，是综合运用隐喻、情态、评价性词汇等语法手段。通过对"一带一路"报道的话语策略和话语实现方式的互文性和互语性分析，试图发现外宣报道所蕴含的意识形态，从而确认认知机制与外宣报道策略之间的互动关系。

2　文献综述与理论基础

2013年9月和10月，中国国家主席习近平在出访中亚和东南亚国家期间，先后提出共建"丝绸之路经济带"和"21世纪海上丝绸之路"的重大倡议，得到国际社会高度关注。自该倡议提出以来，国内外媒体对此进行了广泛深入的报道，相关学者对"一带一路"新闻语篇的研究也与日俱增，主要集中在新闻传播领域和语言学领域。

2.1　"一带一路"新闻报道传播视角研究

在新闻传播学领域，阮宗泽（2014）分析了"一带一路"倡议对外宣传的现状，从外交与安全层面探讨了中国发展过程中周边环境的变革及潜在影响，提出建设"一带一路"发展周边外交是构建我国和平发展的新途径。张允和朱卉（2015）对百度指数下多媒体平台"一带一路"报道的政策性新闻受众关注度进行了分析，研究了受众在面对国家主流媒体和核心区主流媒体报道同一政策信息的媒介路径的偏好与选择。廖杨标（2015）对2014年全年《人民日报》海外版"一带一路"新闻报道的内容进行了研究，通过量化分析，总结《人民日报》在对外经济新闻报道中使用的框架，以了解我国在对外经济报道中的现状与不足。夏春平（2015）对中新社"一带一路"相关报道进行分析，主要通过对该社举办的"丝绸之路华媒万里行"大型采访报道活动的梳理和总结，为今后的报道提供思路。周凯（2015）从传播学视角研究"一带一路"建设在对外传播时面临的困境并提出对策。程果（2015）从新闻议程设置视角探讨如何为"一带一路"倡议进行国际宣传。郑华和李婧（2016）选取美国《纽约时报》和《华盛顿邮报》中"一带一路"相关报道作为研究文本，从语境创设、语言标识符运用、消息来源及倾向性三个维度，探讨了作为一种精英话语的美国媒介话语对中国"一带一路"倡议的认知。研究发现，美国对"一带一路"倡议的看法具有复杂性，积极、中性、消极观点并存。这反映了美国的矛盾心理：美国一方面需要稳定发展的中国，另一方面又担心中国的发展会打破现有国际格局。孙有中和江璐（2017）以澳大利亚四家主流新闻媒体作为考察对象的研究发现，澳大利亚的"一带一路"报道总量较少，但呈上升趋势；报道强度与中国政府"一带一路"政策阐释、推广、双边外交和经贸活动强度呈正相关；报道信源在行业间分布相对均衡，但过度依赖欧美西方智库和发言人；"一带一路"倡议主要出现在经济和政治议题报道中，经济报道更为正面，认为"一带一路"倡议将为澳大利亚和沿线国家带来利益，政治报道关注中国发展可能带来的地缘政治变局及对现有国际秩序的"威胁"。毛伟（2018）通过量化分析和内容分析，对新华社在拉美地区传播"一带一路"倡议的现状与效果进行了研究。研究发现，新华社针对拉美地区发布的"一带一路"新闻报道数量较多，报道主题相对集中于政治和经济领域，但拉美当地媒体转引量不足。张莉和陆洪磊（2018）以发源于英国的不同市场定位的五种媒体关于"一带一路"的报道为分析对象，对国际新闻生产的全球化和本土化论争进行了新的辩证思考，并探讨了国际传播中影响我国"一带一路"倡议报道的因素。研究发现，全球化和本土化因素在海外媒体关于"一带一路"新闻生产的不同环节产生了不同的影响，而且在"一带一路"国际议题的新闻生产中，媒体市场的区域定位比媒体市场的阶层定位影响更显著。李雪威和赵连雪（2018）发现，日本主流报刊媒体对"一带一路"倡议的报道呈现出一个动态变化的过程，报道量和报道强度指数总体呈上升趋势；对"一带一路"报道的态度经历了初期消极抵触、中期犹疑观望、近期积极合作的转变；对"一带一路"报道的关注焦点从具体金融领域的亚洲基础设施投资银行（亚投行）转向作为顶层设计的"一带一路"，重点关注与中国开展合作的国家与地区，同时关注具体合作领域的进展情况。安珊珊和梁馨月（2018）以美国主流媒体对"一带一路"国际合作高峰论坛的相关报道为研究对象，围绕新闻显性要素构成与隐性框架结构两个向度，探讨了美国主流媒体如何构建"一带一路"新闻报道框架，并进一步检验了美国媒体建构中国国家形象之媒体偏见的稳定性。研究发现，美国媒体依然延续强势国家立场，对"一带一路"倡议的报道颇多臆断解读；美国新闻报道框架既强调中国的重要性，也保有风险认知与威胁警惕。

2.2　"一带一路"新闻报道话语视角研究

在语言学领域，在对词汇选择、语境创设的分析上，陈风华、董成见（2015）运用系统功能语法理论对《推动共建丝绸之路经济带和21

世纪海上丝绸之路的愿景与行动》（以下简称《愿景与行动》）英文版进行了语法、语义解析，系统阐述了《愿景与行动》中的显著性主题词及语义域，对明确《愿景与行动》具有重要的意义。庞明（2016）综合运用词汇分类及物性、情态选择等批评话语分析理论分析了习近平总书记关于"一带一路"重要论述的新闻报道翻译，阐述了意识形态对"一带一路"话语的影响。在建构"一带一路"话语权的重视上，孙发友、陈旭光分析了《人民日报》中100篇报道样本的话语主题、词频、修辞等，探讨了"一带一路"话语生产模式的转变。袁赛男（2015）分析了"一带一路"话语在国际社会上所遭遇的话语困境，并针对具体原因提出解决方案，强调"一带一路"对提升我国国际话语权的作用。黄行（2016）提倡"一带一路"建设的基本理念是互利共赢，因此在语言理念上应使用平等互惠的话语体系，以构建得体的话语体系，争取国际社会的理解与支持。张虹（2018）从系统功能语言学及物性系统视角对南非媒体"一带一路"倡议报道进行了分析。研究发现，南非新闻媒体对"一带一路"倡议的报道是正面的，认为"一带一路"倡议是"全球经济政治秩序的顺风车""事关各国生死存亡的举措""推动全球经济发展的方案"，进而构建出中国作为"全球治理掌舵者"的国家形象。邵斌、蔡颖莹和余晓燕（2018）基于语料库，考察了西方媒体对"一带一路"的总体态度，借助聚类分析手段探索了西方各国对其评价的差异，采用主题词分析呈现了英国、美国、德国、澳大利亚和新西兰五国对其关注的焦点。研究发现：（1）误读和"中国威胁论"的消极声音虽时有存在，但西方媒体对"一带一路"的总体态度是肯定的；（2）美国、加拿大等北美国家某些媒体对"一带一路"有消极评价，而沿线国家，特别是中东欧国家，多为积极评价；（3）西方各国媒体对"一带一路"的关注焦点不同，主要是出于国家利益、经济利益以及意识形态的考量。辛斌和吴玲莉（2018）分析了中美媒体有关"一带一路"倡议的报道中介入资源的分布情况，发现中美都更多地调用了"对话性扩展"资源，表明双方在表达自己立场态度的同时，都愿意为不同的观点预留对话空间。钟馨（2018）采用批评话语分析范式，基于语料库批评话语分析法，探讨了英国全国性报纸中"一带一路"话语的意义建构问题。研究发现：（1）英国全国性报纸频繁用解释逻辑的目的语义关系，建构了"一带一路"倡议的目的意义，即中国谋求在亚欧非乃至全球范围的经济政治影响力；（2）主要用正面的术语策略，借助大量褒义的谓语、定语、明喻、暗喻、搭配等语言形式，建构了英国对于"一带一路"积极肯定、乐于参与的态度，同时也多次借助贬义的谓语，建构了中国投资英国重要的基础设施会威胁英国国家安全的负面意义；（3）用凸显"中巴经济走廊"建设的系列精确数据的语言形式，建构了巴基斯坦正在积极参与"一带一路"建设的态度；（4）主要用对比语义关系的修辞惯用句式，建构了印度对于"一带一路"戒备抵制的消极态度。汪波（2018）选取韩国三大报刊当中与"一带一路"倡议高度相关的97篇新闻报道为研究对象，对这些报道中所反映的韩国对于"一带一路"倡议的认识和态度进行了分析。研究发现，根据报道频次及韩国政治背景的变化，韩媒对"一带一路"的态度大致可以分为三个阶段：第一个阶段为热议期，主要关注"一带一路"的性质及合作方式；第二个阶段为冷淡期，不再关心韩国与"一带一路"的关系；第三个阶段为焦虑期，重点关注"一带一路"背景下中国与各国的关系。江潇潇（2018）以态度系统为理论框架，分析了斯里兰卡主流媒体对"一带一路"的相关报道。研究发现，该国媒体大量使用情感、裁决、鉴赏三种态度资源对"一带一路"进行评价，认为"一带一路"倡议既是全球经济的助推器，也是斯里兰卡强国之路上的机遇与助力,同时认为斯里兰卡在积极参与该倡议的同时应把握好发展节奏。

综上所述,新闻传播学领域的学者主要从新闻议程设置、报道框架和传播效果等视角,研究中外媒体"一带一路"相关报道,同时结合外交、文化、历史、政治和经济因素,论述"一带一路"对中国和国际社会发展、变革的深刻含义。虽然此类研究揭示了"一带一路"新闻的报道立场、宣传策略、语篇特征和意义影响,但研究的视角较为宏观,忽略了新闻语篇中话语互动、对话协商的语言人际意义。而语言学领域的学者,主要基于系统功能语言学理论,从批评话语分析视角,对国外媒体"一带一路"新闻语篇进行文本研究,但是,目前鲜有学者从语言学角度研究中国媒体关于"一带一路"的对外新闻话语,分析字里行间新闻作者的观点和立场。

2.3 语言政策的话语研究路向

语言政策的话语研究路向是近年来语言政策研究的新趋势,逐渐形成了一套较为完善的理论体系、研究方法和分析框架。语言政策是一种意识形态现象,对语言和语言使用者价值的意识形态进行构造、承载(transports)和再语境化。而话语分析特别是批评话语分析也关注如何透过话语,分析其隐含的权力、意识形态和认同等问题。两者的共性是都涉及"批评"转向问题。因此,DALP 聚焦从批评的视角对语言政策及其实践进行语篇、语境和社会历史层面的分析,这里的"批评"指以问题研究为导向,指出语言政策话语实践中的问题,挑战主要意识形态和规范假设(Barakos & Unger 2016)。DALP 关注的三大主题是批评、话语和语言政策，既有 CDA 研究中的微观语篇分析，又把语言政策研究的热点问题，如全球化、语言经济、语言冲突、语言民族主义等宏观问题结合起来，还探讨上述研究中的隐性问题，如权力、不同维度认同和意识形态等。这种交叉学科研究将语言实践与社会建构相融合，关注语言政策结果与制定过程的接口研究，涉及政治学、管理学、社会语言学等相关学科。本研究拟结合 DALP 研究的最新动态，综述其研究的理论基础、研究方法和分析框架，并在此基础上，从批评认知的视角对海外网丝路频道"一带一路"的新闻报道进行话语分析，解读外宣报道组织和表达背后的语言政策认知机制，揭示其作为特定话语策略所包含的意识形态意义，为 DALP 的研究提供新的视野。

2.3.1 DALP 研究的理论基础

DALP 的理论基础主要涉及批评语言政策（critical language policy），简称 CLP 和话语-历史研究路径（discourse-historical approach，DHA）的整合、语言政策的时空性（time and space）、社会识别理论（social identification）等，本节将对上述理论简要述评。

Tollefson（1991）受批评社会理论的影响，关注权力、社会机构和行为的相互关系（Tollefson 2006），探讨语言政策与规划研究（Language policy and planning，LPP）的批评研究路向，在历史-结构研究路径的基础上，提出 CLP 的概念。CLP 强调语言、权力和不平等的关系研究，关注 LPP 过程中语言意识形态与语篇是如何互动的，试图发展民主政策，以减少不平等，促进少数民族语言保护和传承，蕴含社会行动主义（social activism），反对实证主义（Tollefson 2006）。CLP 理论不断发展，如 Shohamy（2006：58）提出意识形态与语言政策实践的分析模型，认为意识形态表现为各种规则和规章、语言教育、语言测试、公共空间中的语言、意识形态等五个结构层面，进而影响着实际中的语言政策，探讨语言政策的幕后动机（hidden agendas）是如何发挥作用的。CLP 被一些学者描述为 LPP 研究的第三次浪潮（Ricento 2000；Johnson & Ricento 2013）。但是 CLP 还不足以解释语言政策的制定过程是如何被概念化的，尤其是政策制定者、行动、政治、经济和社会结构等是如何影响话语实践的，因此一些学者如 Barakos（2016）试图将 CLP 与 DHA 结合起来。CLP 与 DHA 的共性是都研究意识形态、不平等和权力等核心问题，研究宏观结构与语言、社会的微观过程是如何结合和互动的，即语篇是如何再现现实、经验和行动的（Barakos 2016）。DHA 的分析路径主要包括三个维度：确定语篇的具体内容和话题、研究具体的话语策略、探讨具体的语法实现方式（Reisigl & Wodak 2009）。其中话语策略是 DHA 探讨的重点之一，主要包括命名、述谓、论辩、视角化和强化（缓和）策略（Reisigl & Wodak 2009）。DHA 注重在历史的背景下探讨话语，将 LPP 视为一种权力关系的历史依赖进程（Barakos 2016）。Barakos（2016：33）提出的语言政策与批评话语研究（critical discourse studies，CDS）的整合分析模式，将语言政策作为一种社会和话语实践，其中话语在意识形态、话语实践和结构层面中处于核心位置，语言政策是意义构建活动的一种，在某一具体语境中受社会参与者的引导。与 CLP 不同，DALP 更关注宏观和微观辩证关系的问题化和再概念化，强调 LPP 的多学科和方法论研究，弥补 CLP 方法论上的不足，是 LPP 研究的第四次浪潮（Johnson 2016）。

　　语言政策是非线性的（nonlinear），广阔的社会政治语境会影响参与者和他们的行动在不同的场景（sites）和时间中的体现。语言政策会在不同的时间和空间，以及社会、政治、公共和私人场域中出现（Ricento 2016）。因此语言政策研究需要考虑不同层面的多样性，如语言政策涉及的不同参与者，政策创建和解释的不同空间，参与者如何在空间中获得能动性和建立霸权的潜能（Savski 2016）。Savski（2016）依据当代国家理论（state theory）、解释性政策分析（interpretive policy analysis）和 CDA 等角度，从时间和空间角度探讨了语言政策的投射轨迹。政策的时间性体现在不断变化的政治背景下的文本转换（transformation），政策的空间性体现在文本投射（trajectories）和协调中的行动（mediated action）。语言政策的时空性研究聚焦于不同的社区实践中，在参与者制定语言政策文本的过程中，意义是如何构建的；在不同的时间节点，描述什么样的社会实践能够参与语言政策的制定；分析语言政策的生成，试图理解语篇是如何产生的，进而通过语篇反映变化中的政治景观（political landscape）（Savski 2016：66）。

Mortimer（2016）将语言政策视为一种元语用语篇，探讨了社会识别是如何影响人们将政策应用到实践中的，以及语言政策影响人们相互识别的方式。社会识别理论主要源自 Bucholtz & Hall（2005）提出的对认同研究的社会文化语言学路径，该路径提出五个原则，如认同是在话语互动中构建的、认同是通过同时使用不同的定位产生的，认同的互动机制由指示性（indexicality）或者符号过程构成，认同是如何通过话语策略构建的，所有认同的产生都涉及能动性和结构。Mortimer（2016）具体从言语链（speech chains）视角对社会识别理论如何解释语言政策做了案例分析。

Coulmas（1998）在评述《社会语言学通览》时曾提到"多种理论而非一种理论"（theories but no theory）的观点，即社会语言学虽然有很多理论，但囊括一切的社会语言学理论并不存在。LPP 作为社会语言学研究的一个分支，理论也呈多元化发展，涉及批评理论、后现代主义、经济因素、政治理论、语言文化等不同维度（Ricento 2006）。

DALP 作为 LPP 的一个交叉学科研究路径，其理论基础也将会以问题研究为导向，随研究对象、研究路径的不同而相互区别，且受社会政治、经济、国际形势、文化等多维度影响，不断深化发展。自 21 世纪以来，LPP 研究的两大转向是"批评"和"实证"研究（Johnson 2017），LPP 的文本分析对象是典型的政治语篇，与 CDS 的分析对象不谋而合，因此 CDS 与 LPP 研究逐渐融合起来。而 CDS 中的认知研究路向，包括图示化、范畴化、隐喻、视点框架和力动态等识解操作，以及结构构型、框架、定位、识别和拓展等话语策略（Hart 2014），也自然为解析 LPP 过程中权力、认同和意识形态等问题涉及的认知机制和话语策略，深化对制定和实施语言政策的概念化过程的理解提供了新的思路。

2.3.2 DALP 的研究方法

LPP 是一门交叉学科，需要运用多重方法去探究语言地位、语言认同和语言使用等存在的问题，同时方法和理论不可分离（Ricento 2006），受 Coulmas 上述观点的启发，我们认为 LPP 的研究方法是多种方法而非一种方法（Methods but no method）。LPP 研究最早源自社会语言学，包括社会语言学的数据收集方法和要素，如问卷调查、人口普查数据、语料来源、访谈、政策文件、参与者观察和参与者行动等。随着 LPP 研究内涵和外延的不断扩大，LPP 研究方法也向交叉学科拓展（Hult & Johnson 2015）。

LPP 研究方法的选择取决于两个方面，一是要考虑四个 Wh 和一个 How，二是要考虑研究者定位（positionality）问题。Hornberger（2015）受 Fishman 观点的启发，认为 LPP 研究方法要考虑四个 Wh 和一个 How，这表明了 LPP 研究的关切点，即研究主体、对象、目标、内容和手段等，不同的维度会侧重不同的研究方法。上述研究思路与其他人文社会科学的研究思路也是相通的。研究者的定位问题也是选取 LPP 研究方法需要考虑的问题。Lin（2015）基于 Habermas（1979、1987）的观点，认为基于不同的人类兴趣，知识可以分为技术性的、实践性的、解放性的三类，不同的类别有不同的研究范式，上述知识类别分别对应实证主义、解释主义和批评主义研究范式。LPP 研究要根据不同的内容，选择不同的研究范式和方法。当然，LPP 研究也要考虑到研究路径问题，目前国外 LPP 的研究路径主要有历史-语篇、政治理论、法律和媒体等五个，不同的研究路径会侧重不同的研究方法。

　　DALP 作为 LPP 研究的一个路向，也要遵循上述原则。就 DALP 的具体研究方法而言，CDA 研究的一些主流和最新研究方法，都可以应用到语言政策研究中。如以 Reisigl & Wodak 为代表的 DHA 研究方法，Fairclough 为代表的辩证关系研究方法（dialectical-relationa），van Dijk 为代表的社会认知方法，Hart 为代表的认知语言学和发展心理学的研究方法等（Reisigl & Wodak 2009；Hart 2014）。通过批评话语分析的方法，可以挖掘语言与社会、认同、意识形态和权力等语言政策的隐性内容。

　　CDA 和民族志研究是 LPP 的主要研究方法（Johnson 2013）。随着 LPP 研究的不断深入，狭义的社会语言学、语言政策、CDA 等学科不断交叉，导致上述两个研究方法也不断融合，因此 DALP 逐渐成为 LPP 研究的一个新的研究路向（Wodak & Savski 2017；Barakos & Unger 2016）。DALP 研究的特色之一是将 CDA 的研究方法与民族志研究方法结合起来，除了应用 CDA 方法对文本进行分析外，还可以应用参与者观察、问卷、访谈、会话分析等民族志研究方法对语言政策的核心要素，如政策参与者、目标、进程、语篇、实施领域等进行数据收集，从而对这些数据连同语言政策文本一起进行质性分析。可见，LPP 的民族志研究的核心要素之一就是语篇。上述具体操作和论证可参见 Johnson

（2011）、Wodak & Savski（2017）和 Lawton（2016）的案例分析。

2.3.3 DALP 的分析框架

Lawton（2001）以 DHA 的分析框架为基础，提出语言政策的分析框架，如图 2 所示。在图 2 的分析框架中，第一步确定语言政策语篇的话题，如移民、多语现象、双语教育、官方英语立法等。第二步确定宏观话语策略，包括合理化（legitimization）、表征和强制说服策略。第三步确定子话语策略，如命名一类策略中，区分目标和手段；如视角化策略表达一种参与度，将说话人的观点定位，具体手段是对时间与话语的报告、描述、叙事或引用（Wodak 2006）。第四步确定话语策略在语篇中的语法实现方式，如隐喻、被动化、情态、指示、评价性词汇和背景（前景）手段等。最后是依据上述策略对篇章进行互文性（intertextuality）与互语性（ginterdiscursivity）分析。Lawton（2016）将语言政策定义为社会和话语行动，应用该框架对美国唯英语运动的语言政策和意识形态进行了分析。图 2 虽然提出了语言政策的分析框架，但没有指出与 LPP 研究核心要素的关系。

分析框架

语篇话题

| 移民 | 多语现象 | 双语教育 | 美国社会 | 官方英语立法 |

宏观策略

合理化　　　　表征　　　　强制说服

话语策略（子策略）

| 命名策略 | 述谓策略 | 论辩策略 | 视角化策略 | 强化（缓和）策略 |

语法表达

| 隐喻 | 被动化 | 情态 | 指示 | 评价性词汇 | 背景/前景手段 |

互文性与互语性

意识形态

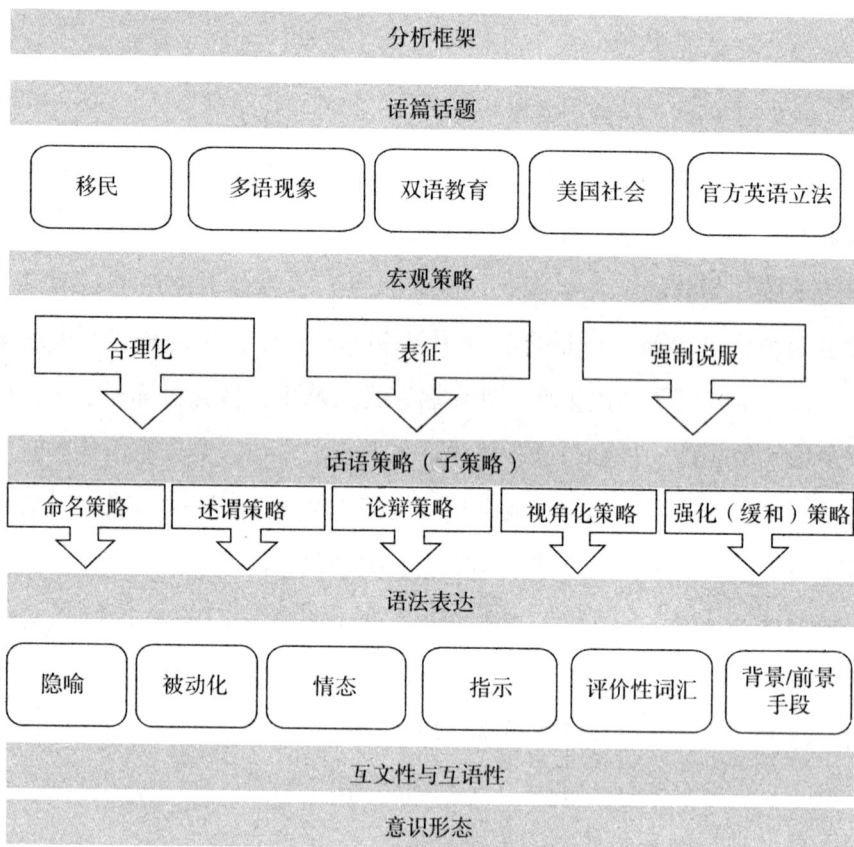

图2 语言政策分析框架

2.4 学术史研究动态评述

综上所述，"一带一路"外宣报道是我国积极融入世界，参与全球化进程，向世界展示国家形象的重要传播渠道。通过梳理文献，发现DALP 是国外当前研究的热点，而国内还在起步阶段；在研究对象方面，国内对于"一带一路"外宣报道的研究大多集中在文本分析，更强调国际话语权，而从 DALP 的视角对语篇的研究鲜有发现，国际上目前没有对"一带一路"话语情况的研究。因此，本研究在学理上具有一定的前瞻性和探索性。鉴于此，本研究将认知语言学和 DALP 两者相融合，秉承 DALP 研究的发展趋势分析"一带一路"背景下语言政策的外宣报道，阐释我国语境下 DALP 研究的可能性和必要性。

3 "一带一路"外宣报道语言政策的认知机制

　　语篇的认知机制既是语篇生成者（Text Producer）实现驱动的方法，同时也是语篇理解者（Text Consumer）理解语篇目的的重要环节。从语篇生成者的角度来说，为达到语篇驱动的目的，可以采用不同的语言手段，如隐喻、转喻、概念整合等方法。从语篇理解者的角度来说，通过对语篇认知机制的解读，可以更好地理解语篇生成者想要实现的话语目的。因此，解读语篇的认知机制是揭示语篇生成者与语篇理解者之间关系的重要途径。在第一、二章研究的基础上，本章将认知语言学理论与 DALP 研究相结合，即从批评认知语言学的视角探讨分析海外网丝路频道"一带一路"外宣报道的认知机制。具体而言，本章将以认知语言学理论中的转喻、隐喻、概念整合作为切入点，对丝路"一带一路"外宣报道的认知机制进行解读。

　　本章对所选语料做个案分析，语料选取海外网丝路频道在线数据库，点击"分类检索"，在搜索关键词一栏填"海上丝绸之路 一带一路"，检索出 200 条结果，时间从 2017 年 5 月 10 日至 2021 年 7 月 19 日。我们利用后羿采集器，采集了 200 条新闻。根据研究目的，按照一定的条件对报道进行筛选和分类。通过梳理 200 篇报道样本，本书将"一带一路"相关报道体裁分为消息、通讯、评论、专访及其他五类，其中，其他主要包括发言稿、自述、图片等。统计结果如图3所示。

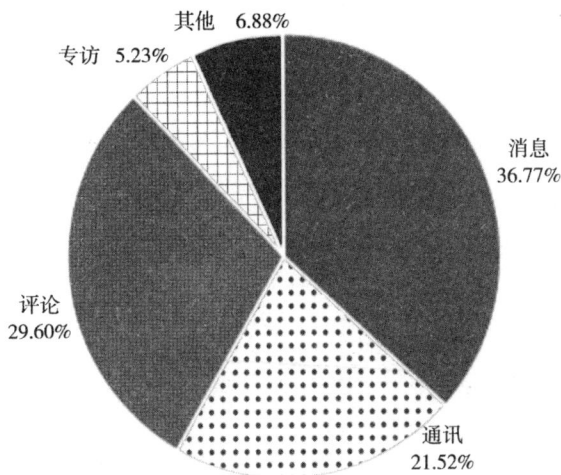

图3　报道体裁分类

由图3可知，在总样本200篇报道中，消息类报道数量最多，有74篇，占总数的36.77%；评论类报道数量占据第二，占比为29.60%；通信类数量紧随其后，占比为21.52%；其他体裁类的报道占比为6.88%；专访类报道数量最少，为10篇，占比为5.32%。

总体来看，丝路频道关于"一带一路"的报道，综合使用了各类报道体裁来呈现"一带一路"；消息类报道客观、简要地阐述"一带一路"的新闻事实；通讯类报道则有侧重地叙述"一带一路"倡议发展中的重要事件；在说明事实的基础上，发表新闻评论，以此来表达新闻作者对"一带一路"建设过程中的看法和建议；访谈和其他类报道体裁则起到多样化传播"一带一路"的作用。

就报道主题而言，丝路频道对"一带一路"的报道主题涉及广泛，本书根据报道内容将主题大致分为：对"一带一路"的阐释、关于

"一带一路"的会议或活动、各地区或个人在各个领域对"一带一路"的实践、为"一带一路"发展提出对策及建议、其他等五类。如表1所示：

表1 丝路频道"一带一路"报道主题统计

报道主题	篇数（篇）	占比（%）
对"一带一路"的阐释	24	11.78
关于"一带一路"的会议或活动	38	18.85
各地区或个人在各个领域的实践	72	36.08
对策及建议	36	17.82
其他	14	7.07

由表1可知，在所有样本中，以"各地区或个人在各个领域对'一带一路'的实践"为主题的报道最多，有72篇，占总数的36.08%；报道主题是"为'一带一路'发展提出对策及建议"的有36篇，占比为17.82%；报道"一带一路"相关会议或活动的新闻有38篇，占比为18.85%，在五个主题分类中位居第三；向读者介绍"一带一路"，阐述"一带一路"丰富内涵的报道占样本总量的11.78%；关于"一带一路"的其他主题类报道占7.07%。

结合全部样本来看，丝路频道对"一带一路"侧重于实践类新闻事实的报道，用事实证明各地区、个人在各领域参与"一带一路"的积极性；对相关会议或活动进行大量报道，对"一带一路"内涵进行讲解，向海内读者多样化传播"一带一路"；在此基础上，积极履行媒体义务，为该倡议更好地发展提出可行性建议。

在下面的章节中，我们抽取86篇样本用于具体个案分析。其中，外宣报道77篇，占抽取样本的90%；其他报道9篇，包括评论、专访、论坛、网评等，占抽取样本的 10%。

3.1　外宣报道语言政策转喻认知机制

DALP 的批评认知研究是通过描述语篇中的语言现象，从认知的角度解释语篇背后语言、认同与意识形态之间的关系。我们认为从 DALP 与批评认知结合的视角研究丝路频道"一带一路"新闻语篇主要包括两个部分，一个是新闻语篇的认知机制，另一个是语篇表达的话语策略。两者都涉及语篇表达的隐含现象，认知机制是语篇理解的理论基础，而话语策略是语篇表达中驱动的具体应用，两者相辅相成，不可分离。本章主要聚焦于认知机制，对上述语料进行微观和个案分析，具体通过认知语言学中的转喻、隐喻、心理空间和概念整合对"一带一路"语篇的认知机制进行解析。

3.1.1　概念转喻的定义与类型

DALP 作为 LPP 研究的一个路向，可以用批评话语分析的研究方法分析语言政策。通过 CDA 的方法，探究语言政策的隐性内容，如语言与社会、认同、意识形态和权力等的复杂关系等。

辛斌（2007）认为，CDA 通过语篇分析，试图解构社会机制以及社会群体和个人如何通过与语篇互动创造意义。张辉等（2010）认为，CDA 需要借助认知语言学的视角，完成对语篇生成、表现和理解背后的概念意义，以及语言、权力与意识形态之间的关系进行更为广阔和深入的分析；概念转喻能够为 CDA 提供理论框架，使 CDA 对语篇的研究有了认知视角。Lakoff（1987）认为，转喻是理想认知模式（Idealized

Cognitive Models）中的一种形式。转喻是一种概念操作。转喻体现的概念操作是将一个认知参照点通过邻近性关系，识别另一个实体，为描述的目标提供心理可及，将语篇理解者的注意力引导到目标上。转喻作为一种重要的认知和思维工具，对语篇认知机制的解读有着重要的作用。概念转喻的发生基于事物之间的相关性或邻近性。概念转喻关注两个认知域之间的不同关系类型。

　　Radden（1998）指出，转喻是一个概念转移的过程。概念转喻的基本类型包括两大部分内容：第一部分内容是"部分—整体"（part-whole relationships）和"整体—部分"（whole-part relationships）的关系，这一部分又具体包括"一个事物的整体代替部分"（whole thing for part of a thing）、"一个事物的部分代替整体"（part of a thing for the whole thing）、"一个范畴代替一个范畴中的成员"（a category for a member of the category）、"一个范畴中的成员代替整个范畴"（a member of a category for the category）。其中"一个范畴代替一个范畴中的成员"的转喻又可以从多角度理解，例如："地点指代事件"（place for event）的转喻、"场所代替机构"（place for institution）的转喻、"范畴与范畴特征之间关系"（a category for characteristic）的转喻等。第二部分内容是"部分代替部分"（part-part relation-ships）的关系，具体包括"工具代替行动"（instrument for action）、"施事者代替行动"（agent for action）、"行动代替施事者"（action for agent）、"行动中包含的物体代替整个行动"（object involved in the action for the action）、"结果代替行为"（result for action）等（Evans & Green，2006：317）。

3.1.2　"一带一路"语言政策概念转喻个案分析

　　在 CDA 研究中，已有学者对不同话语中的转喻认知机制进行分析，如 Hart（2010c）对移民语篇的研究。国内学者张辉、张天伟（2012）研究了认知转喻在 CDA 中的作用。本节，我们尝试以海外网丝路频道中的"一带一路""海上丝绸之路"的新闻语篇为例，从概念转喻的角度对语言政策进行分析。

首先，转喻类型的第一部分内容是"部分—整体"和"整体—部分"的关系，其中包括"一个范畴代替一个范畴中的成员"（a category for a member of the category）的转喻类型。例如：

例 1

建设海洋强国，共创航运新未来*

2021-07-11

茫茫大洋、蓝蓝海波，蕴藏着人类对更好更快发展的共同愿望。

2019 年 4 月，习近平提出构建海洋命运共同体的重要倡议。"我们人类居住的这个蓝色星球，不是被海洋分割成了各个孤岛，而是被海洋连结成了命运共同体，各国人民安危与共。海洋的和平安宁关乎世界各国安危和利益，需要共同维护，倍加珍惜。"

构建海洋命运共同体，大力推进 21 世纪海上丝绸之路建设，"中国方案"为全球海洋治理与资源合作共享提供了全新思路。

2021 年 7 月 6 日，习近平在中国共产党与世界政党领导人峰会上指出，我们愿同国际社会加强高质量共建"一带一路"合作，共同为促进全球互联互通做增量，让更多国家、更多民众共享发展成果。

积极参与亚丁湾、索马里海域护航行动，推动海洋生态文明建设，全面参与联合国框架内海洋治理机制和相关规则制定与实施，落实海洋

---

* 本书选用语篇时有删减。

可持续发展目标……中国一直在行动。

建设海洋强国是习近平的坚定信念，也是中华民族的世代夙愿。处在"两个一百年"奋斗目标历史交汇点的中国巨轮，向着深蓝色的海洋，向着中华民族伟大复兴的中国梦进发。

分析：例中画线部分"我们人类居住的这个蓝色星球"其中"蓝色星球"的"蓝色"属于"范畴与范畴特征之间关系"（a category for characteristic）的转喻，"蓝色"本是海洋的颜色，这里代指海洋。画线部分"被海洋连结成了命运共同体"，其中的"命运共同体"属于转喻中的"整体—部分"（whole-part relationships）。通过命运共同体这一整体来连接"21世纪海上丝绸之路"的各国人民。下画线部分"中国方案"属于"一个范畴代替一个范畴中的成员"（a category for a member of the category）的转喻，在"中国方案"的认知域里，其范畴成员是"参与亚丁湾、索马里海域护航行动，推动海洋生态文明建设，全面参与联合国框架内海洋治理机制和相关规则制定与实施，落实海洋可持续发展目标……"

例2

肩负历史使命 开辟光明前景

2021-07-09

"中国不断创造新的发展奇迹"

"中国建立并不断完善中国特色社会主义制度和国家治理体系，走出一条符合国情的现代化道路。在中国共产党领导下，中国不断创造新的发展奇迹。"埃及前总理伊萨姆·沙拉夫日前在接受本报记者采访时表示，短短几十年间，中国改变落后面貌，稳步发展成为世界第二大经济体，"这样的奇迹，激励许多其他国家积极探索适合自身特点的发展道路"。

2014 年以来，沙拉夫访问中国超过 30 次。在海上丝绸之路起点福建感受海运发展，在宁夏参观有近 500 年历史的纳家户清真寺，到山东考察新能源汽车企业……"每次访问都能感受到中国的'变与不变'。变化的是日新月异的城乡面貌，不变的是对中华优秀传统文化的弘扬和对道义的坚守。"

喜爱中国音乐、常听《茉莉花》，办公室里摆放着古筝、剪纸、折扇……沙拉夫对中国文化有着浓厚的兴趣。他赞叹中医"养生治未病"的理念，多次体验中医疗法，并表示"要把中医带回埃及"。在敦煌参加中医药文化和健康产业国际论坛时，其名下基金会还与当地卫生部门签署合作备忘录，旨在推动中医进入埃及市场，为更多埃及民众提供健康服务。

2016 年 4 月，沙拉夫在银川参加了由中共中央对外联络部主办的中国—阿拉伯国家政党对话会。沙拉夫在致辞中引用埃及古谚语"出门在路上靠朋友"，称现在既有"朋友"也有"路"：朋友就是中国和中国共产党，中国共产党领导中国取得的巨大发展成就和丰富实践为阿拉伯国家政党带来启迪、树立典范；路是共建"一带一路"，中方倡导的共建"一带一路"是阿中深化合作的发展共赢之路。

近年来，随着经济发展、人口规模扩大，埃及的能源短缺问题日益突出。沙拉夫表示，脱贫对于埃及和很多国家来说都是重要目标。埃及光照充足，可再生能源发展潜力巨大，但面临技术与资金等难题。中国通过技术革新降低建设成本，积累了丰富的光伏扶贫经验，借鉴中国的光伏技术发展经验非常重要。如今，沙拉夫的期盼正在变为现实——在中国企业和技术的助力下，本班光伏产业园在埃及南部的阿斯旺沙漠上拔地而起，成为世界最大光伏产业园之一；埃及本土制造的第一块光伏太阳能电池板，也于 2019 年 5 月从中埃可再生能源实验室下线。

　　分析：例中画线部分"走出一条符合国情的现代化道路"其中"现代化道路"的认知域里，其范畴成员是"找到符合中国国情的现代化方法"，"中国改变落后面貌"其中一个范畴代替范畴中的成员，用"中国"代替中国人民。而"落后的面貌"指当年的整个经济形势。画线部分"每次访问都能感受到中国的'变与不变'"，这里的"变与不变"属于转喻中的用"结果代替行为"（result for action），"变"代替创新，"不变"代替传统。画线部分"要把中医带回埃及"这里是一个范畴成员代替整个范畴，是指中医理念和疗法在埃及传播。画线部分"出门在路上靠朋友"，称现在既有"朋友"也有"路"。此处，"路上"属于行动中包含的物体代替整个行动（object involved in the action for the action），指出门在外的环境。"朋友"属于"施事者代替行动"（agent for action），指遇到困难时，伸出援助之手的人。在此篇新闻中"路"具体替代路，是共建"一带一路"，中方倡导的共建"一带一路"是阿中深化合作的发展共赢之路。"朋友"具体替代中国和中国共产党，中国共产党领导中国取得的巨大发展成就和丰富实践为阿拉伯国家政党带来启迪、树立典范。最后的画线部分"中国通过技术革新降低建设成本，积累了丰富的光伏扶贫经验，借鉴中国的光伏技术发展经验非常重要"。其中"中国通过技术革新"属于用行动代替施事者（action for agent），指代中国技术人员积累了丰富的光伏扶贫经验。

例 3

习近平外交思想指引党的外事工作取得光辉成就

2021-07-03

中国共产党迎来了百年华诞。一百年来，一代又一代中国共产党人紧紧依靠中国人民，在波澜壮阔的历史进程中，战胜一个又一个艰难险阻，取得一个又一个辉煌成就，迎来实现中华民族伟大复兴的光明前景。党的十八大以来，以习近平同志为核心的党中央着眼中华民族伟大复兴战略全局和世界百年未有之大变局，提出"两个一百年"奋斗目标和中华民族伟大复兴的中国梦，统筹推进"五位一体"总体布局，协调推进"四个全面"战略布局，推动党和国家事业发生历史性变革，取得彪炳史册、举世瞩目的伟大成就，中国特色社会主义进入新时代。7月1日，中共中央总书记、国家主席、中央军委主席习近平在庆祝中国共产党成立100周年大会上代表党和人民庄严宣告，经过全党全国各族人民持续奋斗，我们实现了第一个百年奋斗目标，在中华大地上全面建成了小康社会，历史性地解决了绝对贫困问题，正在意气风发向着全面建成社会主义现代化强国的第二个百年奋斗目标迈进。在习近平新时代中国特色社会主义思想指引下，党的外事工作始终服务于国内发展大局，始终服务于世界和平与发展和人类共同进步，展现出鲜明的中国特色、中国风格、中国气派，取得了一系列历史性、开创性成就。

习近平总书记2013年提出"丝绸之路经济带"和"21世纪海上丝绸之路"重大倡议，8年来，"一带一路"已从倡议变为现实，从"大写意"步入"工笔画"。我国成功举办两届"一带一路"国际合作高峰论坛，秉持共商共建共享原则，践行开放、绿色、廉洁理念，追求高标准、惠民生、可持续目标，致力于高质量发展。"一带一路"成为广受欢迎的国际公共产品，140个国家和32个国际组织加入"一带一路"

<u>大家庭</u>。我国成功举办中国国际进口博览会、中国国际服务贸易交易会等大型活动，对外开放达到新高度。我国签署区域全面经济伙伴关系协定，如期完成中欧投资协定谈判，展现致力于开放合作的坚定决心。

分析：例中画线部分"两个一百年"奋斗目标属于"一个范畴代替一个范畴中的成员"，其中，第一个"一百年"具体替代在中华大地上全面建成了小康社会，历史性地解决了绝对贫困问题。同理画线部分"五位一体""四个全面"也属于转喻中的"一个范畴代替一个范畴中的成员"。画线部分"大家庭"，属于转喻中的"范畴与范畴特征之间关系"（a category for characteristic）。

例4

"一带一路"，风景这边独好

2021-06-26

项目在沿线<u>开花结果</u>。

展开"一带一路"倡议的恢宏画卷，画卷的起笔落在2013年的秋天。

马尔代夫第一座跨海大桥连通岛屿，黑山共和国第一条高速公路穿越群山，哈萨克斯坦拥有出海口的梦想正变为现实……如今，"一带一路"建设项目在沿线国家遍地开花。

据澳大利亚洛伊解读者网站报道，有重要研究证据表明，<u>中国公司在全球新兴经济体实现了本地化</u>。中国海外经济活动的本地化程度已经大幅提高。在"一带一路"沿线国家，中国企业正在提供就业岗位、出口、预算收入和技术专业知识。这些项目正在满足新兴经济体的需求。

新形势呼唤深化合作。

西班牙《起义报》刊文称，"一带一路"倡议是开放且不断发展的实践综合，这种与其他国家互相接近和共同建设的一体化进程，不能用国际关系中传统的现实主义或地缘政治观点来理解。

"当前，世纪疫情与百年变局相叠加。新的国际形势下，中国和'一带一路'沿线国家有更多应行之举和可为之处。"谢来辉分析，中国应进一步落实更高水平的对外开放，推动构建开放型世界经济，通过中国的开放和发展带动沿线国家乃至世界共同繁荣发展。中国企业应当保证项目建设的质量标准，坚持"高标准、可持续、惠民生"的要求，同时加强"廉洁之路"的建设，获得沿线国家民众的认可，促进民心相通。

徐秀军认为，短期来看，中国应继续帮助"一带一路"沿线国家进行疫情防控和经济复苏，通过疫苗援助、出口等方式团结合作，抗击疫情，共同抵御美西方政客炮制的政治病毒。中期来看，随着"一带一路"合作不断推进，中国须加强风险识别和预警机制建设，防范因国际形势变化带来的阻碍因素影响"一带一路"合作进程。长期来看，"一带一路"建设须打造稳定可靠的供应链、产业链和价值链，增强"一带一路"国际合作抗风险能力，将中国与沿线国家融入共同的经贸链条，推动合作行稳致远。

分析：画线部分"开花结果"是转喻中的"结果代替行为"（result for action），指项目在"一带一路"沿线取得成果。"本地化"是转喻中的行动代替施事者（action for agent），主要体现在中国企业正在提供就业岗位、出口、预算收入和技术专业知识。同样，画线部分"应行之举和可为之处"属于转喻中的"结果代替行为"（result for action），具体而言，中国应进一步落实更高水平的对外开放，推动构建开放型世界经济，通过中国的开放和发展带动沿线国家乃至世界共同繁荣发展。最后的画线部分"共同抵御美西方政客炮制的政治病毒"，其中的"政治病毒"属于转喻中"范畴与范畴特征之间关系"，与上文的"疫情病毒"具有相似的特征，具体指因国际形势变化带来的阻碍因素影响"一带一路"合作进程。

例 5

中国特色社会主义新时代与党的百年华诞

2021-06-24

科技创新不断融入经济社会发展全局，经济社会发展的科技含量从未像目前这样让世界刮目相看。党的十八大提出创新驱动发展战略以来，始终坚持创新在我国现代化建设全局中的核心地位，营造大众创业、万众创新的制度环境，构建关键核心技术攻关新型举国体制。这些年重大科技成果呈<u>井喷式迸发</u>，迅速转化成生产力，明显加快经济发展科技含量的提升速度。我国的科技进步贡献率上升到 59.5%，关键核心技术取得一系列重大突破，在全球 131 个经济体创新能力排名中升至第 14 位，创新正在成为引领经济社会发展的第一动力。

发展速度在总体上保持中高速增长，实施国内国际双循环战略，新发展格局初步显现。2013 年至 2016 年，国内生产总值年均增长 7.2%，远远高于同期世界 2.6% 的平均增长水平。2020 年以来，<u>党中央面对全球市场萎缩的外部环境</u>，决定发挥国内超大规模市场优势，通过繁荣国内经济、畅通国内大循环为经济发展增添动力。一系列国家重大战略的出台，<u>打通区域协调发展"经络"</u>，各大区域板块形成良性互动，经济运行总体平稳。

分析：例中画线部分"井喷式迸发"属于转喻中的"行动代替施

事者"，这里指重大科技成果的数量既快又多。下画线部分"党中央面对全球市场萎缩的外部环境"其中"萎缩的外部环境"属于转喻中的"一个范畴代替一个范畴中的成员"。最后画线部分"打通区域协调发展'经络'"，其中的"经络"属于"行动中包含的物体代替整个行动"的转喻类型。

例 6

福州新区滨海新城：城市形象、城市活力不断提升

2021-06-22

"福建是海上丝绸之路的核心区，福州新区充分发挥海丝核心区区位优势，不断强化对外开放合作，积极融入'一带一路'建设。"在日前举办的"<u>续写更多春天的故事 走进经济特区国家级新区</u>"网络主题活动"云座谈"会上，福州新区管委会（新城指挥部）新区发展部部长林鲤晟对记者说。

"<u>福州新区正在积极拓展与'海丝'沿线国家和地区双向投资贸易</u>。我们在印度尼西亚、毛里塔尼亚等国投资兴建 5 个境外远洋渔业综合基地，通过福州新区的对外先行先试平台，<u>带动福州企业项目'走出去'</u>。"林鲤晟称，至 2020 年底，福州市境外投资备案项目 104 个，涉及"一带一路"沿线 22 个国家（地区）、89 家企业，协议投资总额达 37.13 亿美元。

"目前福州机场第二轮扩能项目正加快建设，<u>建成后可以满足 3600 万人次年旅客吞吐量的需求</u>。"林鲤晟说。

此外，福州新区成功获批国家海洋经济发展示范区，中国—印度尼西亚"两国双园"列入海丝核心区建设重点项目，中国—哈萨克斯坦国际农业产业合作区已签署框架协定。新区成功举办海丝（福州）国

际旅游节、海交会等一系列重大活动，促进了与"海丝"沿线国家的
交流。

　　"下一步，福州新区将进一步在经贸合作、互联互通、人文交流等
方面加大力度，更加深入融入国家'一带一路'建设，<u>加快实现全方
位、多层次、多领域对外开放</u>。"林鲤晟说。

　　分析：例中画线部分"续写更多春天的故事 走进经济特区国家级
新区"属于转喻中的"行动代替施事者"（action for agent），通过"续
写故事和走进新区"这样的行动代替福州新区的目标和计划。画线部
分"福州新区正在积极拓展与'海丝'沿线国家和地区双向投资贸易"
属于"一个范畴代替一个范畴中的成员"的转喻。"双向"指代涉及
"一带一路"沿线 22 个国家（地区）和 89 家企业。画线部分"走出
去"属于转喻中的"行动代替施事者"，（action for agent），指福州新
区带动福州企业境外投资。画线部分"建成后可以满足 3600 万人次
年旅客吞吐量的需求"，其中的"吞吐"属于转喻中的"行动代替施
事者"这里指机场所能容纳的旅客容量。最后的画线部分"加快实现
全方位、多层次、多领域对外开放"属于转喻中的"一个范畴代替一
个范畴中的成员"（a category for a member of the category），以上三个
不同的认知域中，在"全方位"的认知域中，其范畴成员是境外远洋
渔业综合基地；在"多层次"的认知域里，其范畴成员是整合优化港
口布局，扩能增加旅客容纳率；在"多领域对外开放"认知域里，其
范畴成员为农业领域，以及通过国际旅游节增强文化交流实现对外
开放。

例7

立足百年新起点 建设世界上最强大的政党

2021-06-18

纵观19世纪以来大国崛起的历史，不难发现，每一个强国背后都有一个强大的政党。然而，并不是所有政党都掌握了强党之钥。岁月激荡，宛如大浪淘沙，一些政党由于自身建设不够有效，无法顺应潮流民心，而湮没于滚滚历史洪流之中。中国共产党历经百年风雨淬炼，一路披荆斩棘，领航复兴征程，彰显出大的样子，解决了大的难处，肩负起大的担当，取得了无比辉煌的成绩。

为推动构建人类命运共同体担当作为。五千多年的中华文明史，追求和平、和睦、和谐是不变的主题。近代以来，中国人民对战争有着刻骨铭心的记忆，对和平有着孜孜不倦的追求。各国共处一个世界，没有哪个国家能够独自应对人类面临的各种挑战，也没有哪个国家能够退回到自我封闭的孤岛。深刻洞察时代发展潮流和世界发展大势，中国共产党提出构建人类命运共同体的中国方案，体现了大格局、大视野、大胸怀、大担当，成为中国引领时代潮流和人类文明进步方向的鲜明旗帜。2013年，习近平总书记提出共建丝绸之路经济带和二十一世纪海上丝绸之路重大倡议，得到国际社会特别是沿线国家的积极响应。"一带一路"建设是中国在新的历史条件下实行全方位对外开放的重大举措，是推动构建人类命运共同体的重要实践平台，为世界提供了一项充满东方智慧的共同繁荣发展的方案，有力促进了沿线国家的发展繁荣。贫困是人类社会的顽疾，中国在消除自身贫困的同时，积极开展国际减贫合作，履行减贫国际责任，力所能及支持和帮助广大发展中国家特别是最不发达国家消除贫困，做世界减贫事业的有力推动者，为推动构建人类命运共同体贡献了中国力量。

分析：例中画线部分"每一个强国背后都有一个强大的政党"为典型的转喻，属于"范畴与其特征之间的关系"，在"政党"这一认知域中，其特征是"政党的领导"；画线部分"并不是所有政党都掌握了强党之钥"其中的"强党之钥"属于"范畴与其特征之间的关系"，其特征是党的政策和方针。画线部分"中国共产党历经百年风雨淬炼，一路披荆斩棘，领航复兴征程"，其中的"风雨淬炼""披荆斩棘""领航复兴"属于转喻中的行动代替施事者，目标域是中国共产党历经艰辛万苦，重重困难后的再次前进。画线部分"彰显出大的样子，解决了大的难处，肩负起大的担当"，其中的三个"大的"属于"范畴与范畴特征之间的关系"的转喻，其中"大的样子"指中国共产党的强大，"大的难处"指难以攻克的问题，"大的担当"指中国共产党所担负的责任感和使命感。最后下画线部分"贫困是人类社会的顽疾"的目标域为消除贫困这个一直难以解决的问题。

例8

高水平共建西部陆海新通道（新论）

2021-06-11

高水平共建西部陆海新通道，要义是畅通，核心是创新，关键是协同，需要充分发挥各方积极性，共同推动西部陆海新通道高质量发展。实现这一愿景，就要围绕融入和服务构建新发展格局，主动对接长江经济带发展、粤港澳大湾区建设等国家重大战略，融入共建"一带一路"；围绕综合运输通道建设，强化交通物流支撑引领功能，推动交通、物流与产业、商贸等协同发展，畅通资源要素流转大循环；围绕发展方式转型升级，聚焦碳达峰、碳中和双控目标，协同处理好创新驱动、绿色发展与安全稳定的关系；围绕整体服务效能效率效益提升，推动硬件设施和服务等软实力协同发展。

分析：例中画线部分"高水平共建西部陆海新通道，要义是畅通，核心是创新，关键是协同，需要充分发挥各方积极性，共同推动西部陆海新通道高质量发展"属于转喻中的"行动代替施事者"，具体指代实现这一愿景的人。

例 9

在宁波老外滩 赴一场流动的中东欧盛宴

2021-06-10

6月9日傍晚，宁波老外滩，"舌尖上的相遇——中东欧美食与'诗画浙江·百县千碗'人文交流活动"波黑美食展位上，主厨彼特·海瑞兹向好奇的消费者展示一道东欧甜点的配方。

"舌尖上的相遇——中东欧美食与'诗画浙江·百县千碗'人文交流活动"于7日下午在宁波老外滩开启，活动为期3天，设置了百余个展位，陈列着中东欧各国风味菜、浙江省11个地级市的特色菜等佳肴，让市民和游客亲身感受中国与中东欧的文化碰撞。活动期间，塞尔维亚工商会宁波代表处和宁波中东欧国家人文交流示范基地也正式揭牌、落户老外滩。

6月9日下午，宁波老外滩，市民和游人在露天休闲区驻足交谈、欣赏风景，中国和中东欧各国的国旗迎风飞舞。宁波老外滩指甬江、奉化江和余姚江三江汇流之地的北岸，江水见证着宁波从古代"海上丝绸之路"重要始发港到"一带一路"建设枢纽城市的历史与变迁。鸦片战争后，宁波被迫按《南京条约》辟为五口通商口岸之一，1844年1月1日正式开埠，比上海外滩还早20年。

分析：例中的画线部分"舌尖上的相遇——中东欧美食与'诗画浙

江·百县千碗'人文交流活动",其中"舌尖上的相遇"属于转喻中的"范畴与范畴特征之间关系",在这里指中东欧各国风味菜、浙江省11个地级市的特色菜等佳肴被市民和游客品尝。"诗画浙江"属于"整体—部分"的转喻,以此代替宁波老外滩的美景。画线部分"落户老外滩"的认知域为"宁波老外滩",属于"一个事物的部分代替整体"的转喻,具体指甬江、奉化江和余姚江三江汇流之地的北岸。

例 10

人民日报和音:打造更高水平的中国东盟战略伙伴关系
2021-06-10

加快推动高质量共建"一带一路",共同推进区域合作健康发展,维护地区和平稳定,这是中国与东盟国家的共同心声。

6月7日至8日,纪念中国—东盟建立对话关系30周年特别外长会和澜湄合作第六次外长会在重庆举行。各方就加强中国东盟合作、澜湄合作达成广泛共识,展现出深化团结合作、共创美好未来的光明前景。

30年携手同行,中国和东盟关系实现跨越式发展。双方已成为最大规模的贸易伙伴、最富内涵的合作伙伴、最具活力的战略伙伴。中国东盟合作为11国20亿人民带来了巨大利益和福祉,为地区和平稳定、发展繁荣提供了重要支撑,共同树立了亚太区域合作最为成功的典范。2020年,中国和东盟首次互为最大贸易伙伴。双向投资不断扩大并趋向均衡,累计突破2000亿美元大关。区域全面经济伙伴关系协定(RCEP)成功签署,表明地区国家正成为维护自由贸易和多边主义、引领国际合作的重要力量。尤其需要指出的是,中国和东盟国家携手抗击疫情,生动诠释了唇齿相依的兄弟之情、守望相助的邻里之义。

分析: 例中画线部分"共同推进区域合作健康发展"其中"健康

发展"属于"结果代替行为"的转喻，指中国与东盟区域合作的良性发展。"这是中国与东盟国家的共同心声"其中"心声"的目标域是"共建美好未来的光明前景"。最后的画线部分"生动诠释了唇齿相依的兄弟之情、守望相助的邻里之义"，其中的"兄弟之情""邻里之义"属于转喻中的"范畴与范畴特征之间的关系"，进而说明中国和东盟的亲近关系，相扶相持，相依相靠，彼此成就。

例 11

携手构建海洋命运共同体

2021-06-10

今年 6 月 8 日是第十三个"世界海洋日"和第十四个"全国海洋宣传日"，活动主题是"保护海洋生物多样性 人与自然和谐共生"。

2019 年 4 月 23 日，习近平主席在集体会见应邀出席中国人民解放军海军成立 70 周年多国海军活动的外方代表团团长时指出："我们人类居住的这个蓝色星球，不是被海洋分割成了各个孤岛，而是被海洋连结成了命运共同体，各国人民安危与共。"习近平主席关于构建海洋命运共同体理念的一系列重要论述，为各方共同努力实现海洋可持续发展指明了前行方向。

为全球海洋治理贡献中国智慧

海洋覆盖了地球 70% 以上的面积，是人类的生命之源。海洋和沿海资源及产业的市场价值每年达 3 万亿美元，约占全球 GDP 的 5%，超过 30 亿人的生计依赖于海洋和沿海的多种生物。

当前，全球海洋形势严峻，过度捕捞、环境污染、气候变化、海平面上升、海洋垃圾等问题时有发生，制约着人类社会和海洋的可持续发展。进一步完善全球海洋治理成为国际社会共同面临的重要课题。

分析: 例中画线部分"我们人类居住的这个蓝色星球"其中"蓝色星球"属于转喻中的一个范畴代替一个范畴中的成员,这里替代海洋。下画线"命运共同体"属于转喻中的"一个范畴代替范畴中的成员",即整体代替部分。因为"命运共同体"是通过海洋将各个国家连结在一起,大家的共同目标是实现海洋可持续发展。下画线"人类的生命之源"属于转喻中的"一个事物的部分代替整体"。因为海洋覆盖了地球一半以上的面积,所以在"人类生命之源"的认知域里,其范畴成员是全球的海洋。

例 12

中国驻菲临时代办檀勍生:坚持中菲友好合作的主旋律, 构建更加紧密的新时期伙伴关系

2021-06-10

杜特尔特总统在致辞中表示,菲中两国人民之间的友谊深厚且久远,可追溯至几个世纪之前。感谢菲华社会为促进菲中经济、文化和人文交流作出的贡献。在我们即将迈向建交 50 年之际,合作共赢将促进两国和平、进步和繁荣的伙伴关系更上一层楼。

檀勍生临时代办在致辞中表示,中菲建交虽只有 46 年,但两国传统友谊已绵延千年。海上丝绸之路搭建起商贸和人文交往的桥梁,将两国民心与文化和血脉紧紧联结在一起。进入新时代,中菲关系在两国领导人关心引领下沐风成长,节节登高。习近平主席与杜特尔特总统 8 次会面,为中菲关系发展擘画了宏伟的战略蓝图,为双边关系健康平稳发展把舵引航。

分析: 例中画线部分"在我们即将迈向建交 50 年之际,合作共赢将促进两国和平、进步和繁荣的伙伴关系更上一层楼",其中"迈向"

"更上一层楼"属于转喻中的结果代替行为,在"更上一层楼"的认知域里,其范畴成员是菲中两国的伙伴关系更近。画线部分"中菲关系在两国领导人关心引领下沐风成长,节节登高",其中"沐风成长""节节登高"属于转喻中的行动代替施事者,指中菲关系在两国领导人的引领下不断加强。最后的画线部分"为中菲关系发展擘画了宏伟的战略蓝图,为双边关系健康平稳发展把舵引航",其中"擘画蓝图""把舵引航"属于隐喻中的"行动代替施事者",在这里代替习近平主席与杜特尔特总统会面讨论的未来合作计划,进而促进两国的健康长久发展。

例 13

习近平主席致第二届中国-中东欧国家
博览会贺信释放深化合作信号
2021-06-09

三江汇合,海浪逐天。宁波,这个昔日"海上丝绸之路"的重要港口,以更开放的姿态向世界张开怀抱。

8日,以"构建新格局、共享新机遇"为主题的第二届中国-中东欧国家博览会在宁波盛装开幕。来自中东欧多国的嘉宾和企业汇聚一堂,共商合作。

"本届中国-中东欧国家博览会的举办,有利于增进中国市场对中东欧商品了解,有利于扩大中东欧国家对华出口,有利于各方克服新冠疫情带来的挑战、促进经济复苏。"

习近平主席在贺信中提出的三个"有利于",传递出中国扩大开放的坚定态度,释放出中国与中东欧国家深化合作、共享机遇的鲜明信号。

分析：例中画线部分"以更开放的姿态向世界张开怀抱"，其中"张开怀抱"是转喻的用法。用"行动代替施事者"指宁波对外开放。画线部分"习近平主席在贺信中提出的三个'有利于'"属于转喻中的"一个范畴代替一个范畴中的成员"，用三个"有利于"代替具体的有利于增进中国市场对中东欧商品了解，有利于扩大中东欧国家对华出口，有利于各方克服新冠疫情带来的挑战、促进经济复苏。

例 14

［每日一习话］ 建设海洋强国

2021-06-08

习近平：建设海洋强国，我一直有这样一个信念。发展海洋经济、海洋科研是推动我们强国战略很重要的一个方面，一定要抓好。

这段话出自 2018 年 6 月 12 日习近平在山东考察时的讲话。

今天（6 月 8 日）是世界海洋日。海洋是生命的摇篮、资源的宝库、交通的命脉、战略的要地，一个国家的兴盛与海洋事业密不可分。实现中华民族伟大复兴的中国梦，必然要建成海洋强国。习近平总书记对海洋事业高度重视，也对我国海洋开发、保护和管控提出了新的要求。

建设海洋强国，要以科技创新推动海洋经济发展。将创新发展作为海洋经济的核心动力，把推动传统海洋产业转型升级和壮大新兴海洋产业作为我国蓝色经济发展的双引擎。

建设海洋强国，要加强海洋生态文明建设。坚持开发与保护并重、防治与修复并举，保护我们赖以生存的"蓝色疆土"。

同时，要实现陆海统筹，维护海洋安全，借助"21 世纪海上丝绸之路"倡议的东风，与"一带一路"沿线国家和地区共同构建合作共赢的伙伴关系。

进入新发展阶段，<u>承载着 14 亿中国人民伟大梦想的中华巨轮继续劈波斩浪、扬帆远航</u>。新形势带来新挑战，我们必须进一步关心海洋、认识海洋、经略海洋，建设海洋强国，实现伟大复兴。

分析：例中画线部分"海洋是生命的摇篮、资源的宝库、交通的命脉、战略的要地"，源域为"摇篮""宝库""命脉""要地"，目标域为"国家的兴盛"，语篇生成者通过"生命""资源""交通""战略"这样几个不同认知域，强调海洋的重要性，使语篇理解者更好地理解建成海洋强国的必要性。画线部分"承载着 14 亿中国人民伟大梦想的中华巨轮继续劈波斩浪、扬帆远航"，其中"承载梦想""劈波斩浪""扬帆远航"属于转喻中的"行动代替施事者"。"中华巨轮"中"巨轮"属于"行动中包含的物体代替整个行动"的转喻，指代中国成为海洋强国。

依据 Kovecses & Radden（1998）（转引自 Evans & Green，2006）转喻的类型还包括"人类代替非人类"（human over non-human）以及"具体代替抽象"（concrete over abstract）的转喻类型。其中第一部分："人类代替非人类"（human over non-human）的转喻又包括：生产者代替产品（producer for product）、控制人代替被控制的事物（controller for controlled）等具体类型，第二部分"具体代替抽象"（concrete over abstract）的转喻类型又包括：身体代替行为（bodily over actional）、身体代替情感（bodily over emotional）、身体代替感知（bodily over perceptual）、有形代替无形（visible over invisible）的转喻等（Evans & Green，2006：317）。

例 15

河南：扛稳农业"粮袋子"　挺起工业"新脊梁"

2021-05-31

党的十八大以来，河南手握粮食生产这张王牌，肩扛"粮仓"重责，粮食总产量连续四年超过 1300 亿斤；挺起工业"脊梁"，全省生产总值连续迈上 3 万亿元、4 万亿元、5 万亿元台阶。

如今，<u>一个以农业为底色，新貌新颜的河南形象夺目而出</u>。在中部地区崛起、黄河流域生态保护和高质量发展两大国家战略交汇期，<u>河南装备制造、食品制造正在跃向万亿级产业，人工智能、数字经济带来新活力，产业结构实现历史性转变</u>。

河南，正从曾经贫困落后的省份成为农业大省、全国重要经济增长板块、内陆开放重要地区。

扛稳"粮袋子"让国人饭碗装上更多优质河南粮

豫南麦收"开镰"，河南 8500 多万亩小麦进入收获期，隆隆的收割机一路北上，丰收的喜悦洒满中原大地。

"我流转种植的 2100 亩小麦籽粒饱满，十天前进行了预测产，每亩预计比去年增产 40 多斤，丰收不是问题。"河南省周口市商水县种粮大户邱守先说，<u>打赢粮食"丰收仗"全靠"聪明田"</u>。邱守先的麦田位于河南商水县打造的 5 万亩高标准农田示范区内。这里不仅有一流的农田、水利、路网设施，还配有病虫害监测点、田间气象站、土壤墒情监测站、物联网监控系统等<u>"硬核装备"</u>，只需一部手机，种粮人即便远在千里之外，都能看苗情、浇水、喷药，<u>实现了"云种地"</u>。

为扛稳粮食安全重任，河南把高标准农田建设作为重要抓手，累计建成高标准农田 6910 万亩。在广袤的中原大地，现代农田水利设施和农业"黑科技"、互联网大数据相碰撞，让黄土地变成"聪明田"，<u>也</u>

让中国人的饭碗装上了更多优质河南粮。

分析：标题中扛稳农业"粮袋子"挺起工业"新脊梁"，其中的扛稳"粮袋子"和挺起"新脊梁"的目标域是"河南是农业大省"和"新的社会责任"。下画线"一个以农业为底色，新貌新颜的河南形象夺目而出"属于转喻中的"一个范畴代替一个范畴中的成员"，具体指代下文的"河南装备制造、食品制造正在跃向万亿级产业，人工智能、数字经济带来新活力，产业结构实现历史性转变"。下画线"打赢粮食'丰收仗'全靠'聪明田'"，其中"丰收仗"和"聪明田"分别是转喻中的"范畴与范畴特征之间的关系"，因为有了"一流的农田、水利、路网设施，还配有病虫害监测点、田间气象站、土壤墒情监测站、物联网监控系统"，所以丰收不是问题。下画线"硬核装备""云种地"是"行动中包含的物体代替整个行动"的转喻，指利用智能机控制农田。最后"也让中国人的饭碗装上了更多优质河南粮"此处的"河南粮"是用"地名代替事件"，指在现代农田水利设施和农业"黑科技"、"互联网大数据"的帮助下所生产的粮食。

3.2　外宣报道语言政策隐转喻认知机制

3.2.1　隐转喻的概念与区别

隐喻与转喻的相互关系和区别一直是学界研究的热点。概念隐喻与概念转喻的认知研究密不可分。Taylor（1995）认为转喻是意义延伸的最基本的过程，可能比隐喻更为基本。一般来说，隐喻和转喻的区别主要有四点，一是概念上的区别。转喻用 X 代表 Y，隐喻是 X 通过 Y 来理解，两者反映的都是概念关系（Evans，2007：141-142）。二是性质上的区别，即转喻基于邻近性，隐喻基于相似性。三是认知域数量上的区别，隐喻源自两个不同的认知域，是双域，而转喻一般是一个认知域内的子域间的相互关系。四是认知域的方向性问题。隐喻一般是单向的，一般由源域向目标域映射。而转喻一般来说是双向的，两个认知域之间可以互相指代。虽然隐喻和转喻有很多区别，但两者间的互动作用也是不容忽视的。隐喻和转喻两者间相互作用的主要观点有 Goossens 的隐转喻、Barcelona 和 Radden 提出的隐喻的转喻理据、Riemer 的后转喻和后隐喻、Ruiz de Mendoza 的概念相互作用模式以及 Geeraerts 的隐喻和转喻相互作用棱柱形模式等（张辉、卢卫中，2010：51-64）。其中 Ruiz de Mendoza（1997：171-176）认为隐喻和转喻就其功能来说，都体现了比喻的用法，即体现了从所指对象到新指对象的转换这一语用目的。本书赞成 Goossens（2003）提出的隐喻和转喻是互动关系的观点，隐喻更多来源于转喻。即一方面隐喻来源于转喻，另一方面转喻存在于隐喻中。

Barcelona（2003：31）认为，每一个隐喻映射都预设着一个更基本的转喻映射。Radden（2003）和 Taylor（2003）也认为，隐转喻相互关系的基础在本质上是转喻性的（转引自张辉，2012）。例如"高价"（high price），通过高度和数量的关系来进行理解，这种隐喻的理解首先是来自转喻（Evans & Green，2006：320；转引自张辉，2012）。再如"high temperature""high standards""high quality""high class"等，也不是简单的隐喻。数量与高度之间的自然联系，人类健康与站立姿势的联系，品质或生活与控制之间的联系等，都是转喻联系，只有当这些联系被抽象到超出原型的情景域中，才被视为隐喻。因此很多例子说明应该先有这一转喻理据，才有隐喻延伸的用法。

其实隐喻和转喻的关系非常复杂，难以真正准确地辨认，这也是隐转喻能够持续研究的理据。一些学者试图另辟蹊径从其他角度进行研究，如徐盛桓（2011，2012）从心智哲学角度研究。陆俭明先生（2010）曾形象地比喻两者间的关系："隐喻和转喻就像一个筷子的两端，一面是方的，一面是圆的，而到筷子中间部位却很难辨认。"本研究通过语料分析，尝试性地从以下几种隐转喻类型进行分析。

3.2.2　隐转喻的类型

隐转喻（metaphtonymies）的概念最早可以追溯到 Lakoff & Johnson 的研究。

3.2.2.1　隐喻中的转喻（metonymy within metaphor）

根据 Goossens（1995：172）的观点，"隐喻中的转喻"可以被认为是一个转喻性质的实体植根于一个隐喻的表达中。引用 Goossens（1995）的一个例子"shoot ones mouth off"，这个句子是隐喻中的转喻，包含的身体部位在两个认知域（如图 4 所示）。源域中"mouth"（嘴）被隐喻性地理解为运动中的物体，在目标域中却转喻性地指"一个人的讲话"。这个转喻蕴含在隐喻的表达中，"shoot off"意思是"错误地用枪"，当"mouth"被嵌入这个短语时，这个短语就转喻地指"鲁莽地说话""草率地讲话"。

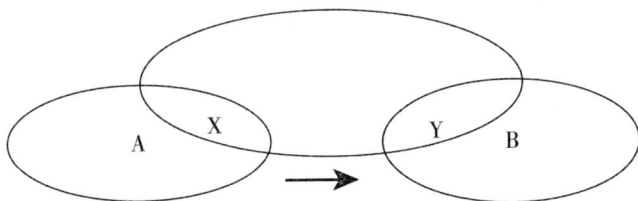

图 4　隐喻中的转喻（Goossens，2002）

在"一带一路"语篇中我们发现了"隐喻中的转喻"的例证，如例16—例18所示。

例 16

重庆践行"三个作用" 担起"上游责任" 展现新作为 迈出新步伐
2021-05-28

2019年4月，习近平总书记在重庆考察，希望重庆"努力在推进新时代西部大开发中发挥支撑作用、在推进共建'一带一路'中发挥带动作用、在推进长江经济带绿色发展中发挥示范作用"。

在重庆，西部陆海新通道助力西部大开发，货运班列沿铁轨南行，通江达海；果园港连起长江黄金水道与"丝绸之路"，集散中欧班列（渝新欧）运载的来自欧洲的商品，筑起内陆开放新高地；广阳岛叫停违规开发，共抓大保护，不搞大开发，绿色发展活力显现。

一条路、一个港、一座岛，成为重庆践行"三个作用"的缩影。担起"上游责任"，重庆从全局谋划一域、以一域服务全局，展现新作为，迈出新步伐。

分析：例中画线部分"一条路、一个港、一座岛，成为重庆践行'三个作用'的缩影"是一个实体隐喻的用法。源域为"一条路、一个港、一座岛"，目标域为"三个作用"。在这个隐喻中存在一个转喻现象，其中"一条路、一个港、一座岛"的源域是"道路、港口、岛屿"，目标域是"'丝绸之路'、果园港、广阳岛"。通过隐转喻的认知分析，能让语篇理解者更清晰地了解话语的底层构造，从而更容易理解重庆的新面貌、新征程。

例 17

观中国｜在非洲，冲突、战乱、难民竟跟气候有关

2021-05-28

非洲国家的温室气体排放总量仅占全球排放总量的 4%，但非洲大陆受到气候变化带来的冲击最为严重，非洲人口也极易遭受气候变化影响。气候变化导致非洲的水文、植被等发生变化，加速虫媒疾病的传播，影响人类健康和农业发展，加剧粮食供应和安全问题；<u>同时气候变化导致非洲部分地区人口被迫迁徙，产生"气候难民"</u>问题，影响族群宗教关系，引发战乱冲突，严重威胁非洲各国社会稳定和经济发展。可以说，中国和非洲都是气候变化的受害者，均面临严峻的气候变化挑战。

此外，中非双方也在共建绿色"一带一路"的过程中携手应对气候变化。中国在帮助非洲"一带一路"国家完善基础设施，推动其工业化、信息化的同时，避免把高污染和高排放企业向非洲国家转移，将绿色发展理念融入双方的合作项目。例如，地处非洲之角的吉布提港是 21 世纪海上丝绸之路的重要起点，中方企业克服重重困难修建了一条采用清洁能源的电气化铁路，在完善吉布提港货物运输基础设施，拉动经济发展的同时，提高能效，降低了二氧化碳排放量。中国在肯尼亚建成的蒙内铁路充分考虑动物迁徙和保护生物多样性问题，共修建了 9 处大型生物通道，被外媒称赞为"连长颈鹿都感到满意的铁路"。

分析：例中画线部分"同时气候变化导致非洲部分地区人口被迫迁徙，产生'气候难民'问题"是实体隐喻，源域是气候变化的人口迁徙，目标域为"气候难民"。在这个隐喻中存在一个转喻现象，其中"难民"源域是由于天灾人祸而生活无着落、流离失所、需要离开原居地的人；目标域为受到非洲气候变化的受害者。画线部分"连长颈鹿

都感到满意的铁路",属于实体隐喻,源域为肯尼亚的蒙内铁路,目标域为"长颈鹿满意的铁路"。其中,还存在转喻现象,"长颈鹿满意",属于范畴中的个体代替一个范畴的转喻类型。通过长颈鹿这个物种来代替整个动物界,说明中国建设的蒙内铁路对于动物而言起到了很好的保护作用。

例 18

中葡"一带一路"合作新动能不断涌现
2021-05-27

中国驻葡萄牙大使赵本堂表示,面对新冠疫情冲击,"一带一路"国际合作展现出强大韧性和活力。"一带一路"正成为团结应对全球挑战的合作之路、维护人类健康安全的健康之路、促进经济社会恢复的复苏之路和释放发展潜力的增长之路。

葡萄牙是连接"丝绸之路经济带"和"21世纪海上丝绸之路"的重要枢纽。在"一带一路"框架下,中葡务实合作成果丰硕。尽管遭受疫情冲击,两国在基础设施、能源等领域重要合作项目仍稳步推进,数字经济、医疗卫生等合作新动能不断涌现。葡萄牙辛内斯港 CEO 若泽·路易斯·卡舒表示,目前辛内斯港与宁波、上海和盐田港开通了直航货运航线,借助良好的中葡关系,期待与更多中国企业加深合作。

绿色是"一带一路"建设的底色。赵本堂表示,多年来,中方积极倡导并推动将绿色理念贯穿于"一带一路"建设,同各国携手打造"绿色丝绸之路"。中葡、中欧绿色发展理念高度契合,在应对气候变化领域长期保持密切合作,都致力于打造高质量的绿色低碳发展模式,在气候治理、绿色发展等方面合作拥有巨大潜力。

分析：例中画线部分"合作之路""健康之路""增长之路"属于结构隐喻中"life is journey"的隐喻类型，源域是"一带一路"，目标域是"团结应对全球挑战、维护人类健康安全和促进经济社会恢复的途径和方法"。在这个隐喻中存在一个转喻现象，其中"合作之路、健康之路、增长之路"源域是"道路"，目标域是"实现的途径"，只有当这三条"路"嵌入整个句子时，才会发生转喻。画线部分"绿色是'一带一路'建设的底色""绿色丝绸之路"属于实体隐喻，其中源域为"高质量的绿色低碳发展模式"，目标域为"绿色为底色"，在这里还存在一个转喻现象，即源域为"绿色为底色"，目标域为"中葡、中欧绿色发展理念"，使语篇理解者对"绿色丝绸之路"有更深层次的了解。

3.2.2.2 来自转喻的隐喻（metaphor from metonymy）

Goossens（1995）曾示例："he close-lipped""beat one's breast"。其中，"close-lipped"是一个转喻，意思是"保持沉默"，"lip"指代说话，"close"指闭嘴，不说话。然而从转喻的"lip"又能分析出隐喻，指"某人说了话，但是不会说听话人想听到的信息"。同样的道理适用于"beat one's breast"的分析。"Breast"是一个转喻，指"心"，但是这个表达"beat one's breast"也是一个隐喻，源域是"打击一个人的胸"，目标域是"一个人受到打击，心里很难过"。因此上述两个例子都是来自转喻的隐喻。转喻的映射发生使整个表达的字面义发生了隐喻的变化。在"一带一路"新闻语篇中经常出现"来自转喻的隐喻"现象，又如下例。

例19

走近"一带一路"亚洲国家展开展 冀深化城市人文交流

2021-05-27

宁波是中国古代海上对外交往的重要港口城市，有着古丝绸之路的"活化石"之称。长期以来，宁波与亚洲诸多国家保持着良好的经贸合作关系。当前，宁波正深入融入"一带一路"倡议，推进高水平对外开放，加快建设现代化滨海大都市。

"目前，得益于两国密切的政治关系和高度互信，哈中双方在各领域的合作正本着友好睦邻、互助互利的精神稳步发展。"哈萨克斯坦驻上海总领事拉合莫夫·拉合穆江表示，同时，哈萨克斯坦也高度赞赏，并从一开始就积极支持中国8年前在哈萨克斯坦首都努尔苏丹提出的"一带一路"倡议。

拉合莫夫·拉合穆江说，这次展览将让宁波市民更好地了解"一带一路"沿线亚洲国家的特色文化、文学作品和带有各国特色的各类景点。"我相信，此次将有助于哈中两国在文化、教育领域和区域间合作的进一步发展。"

"举办此次展览，就是为了进一步推动宁波与亚洲国家的相互了解，从而助推经贸、文化等领域的交流与合作。"宁波市外事办公室主任叶荣钟说。

分析：例中画线部分"活化石"是转喻，属于范畴与范畴特征之间的关系，"宁波"与"活化石"在语义上有相似性，"活化石"是指物种起源久远，在新生代第三纪或更早有广泛的分布，而目前大部分物种已经因地质、气候的改变而灭绝，这些现存生物的形状和在化石中发现的生物基本相同，保留了其远古祖先的原始形状。而"宁波"也是历史悠久的城市。而"活化石"本身也是隐喻，作为凸显认知的参照点，可以唤起不凸显的"宁波"。画线部分"哈中双方在各领域的合作正本着友好睦邻、互助互利的精神稳步发展"其中"友好睦邻""互助互利"属于转喻中的"行动代替施事者"，此处代替哈中双方。画线部分"宁波与亚洲国家"属于转喻中的"一个范畴代替范畴中的成员"，其中亚洲国家是代替上文中以"哈萨克斯坦"为代表的国家以及亚洲国家的特色文化、文学作品和带有各国特色的各类景点。

例 20

新"丝路"承载新使命，再出发！

2021-05-26

新"丝路"带来新"希望"。当今，世界各国人民共同期盼的是安定美好的生活，这就需要各国之间打造基本的政治互信、多方面的经济融合、全方位的文化包容，以此来实现彼此之间的合作发展，共建和平发展的美好明天。新"丝路"恰恰是为沿线国家带来了交流沟通，当一列列中欧班列驶过，为沿途贫困地区带来了经济繁荣，也为相对封闭的社会带来了文化交流。新"希望"正在每一个伙伴国家中"抽丝发芽"，和谐、安宁、富裕的生活指日可待。

新"丝路"打造新"格局"。据了解，截至 2020 年 11 月，中国已经与 138 个国家、31 个国际组织签署 201 份共建"一带一路"合作文件，这意味着和平发展的新常态正在"茁壮成长"。一个个点连成一条条线，一条条线织出一张张网，一列列中欧班列与西部陆海新通道班列"两翼齐飞"，"东出海""西挺进"的繁荣运输景象正在呈现，运送的是看得见摸得着的商品实体，承载的是贸易交往、思想碰撞、科技共享、文明互鉴。新"格局"正在悄然改变着这个世界，带动着各国市场潜力的开发，促进着各国之间的投资与消费，也增进着彼此之间的人文交流。

　　分析：例中画线部分"新'希望'正在每一个伙伴国家中'抽丝发芽'"属于转喻中的隐喻，"希望"代替"为沿线国家带来了交流沟通，当一列列中欧班列驶过，为沿途贫困地区带来了经济繁荣，也为相对封闭的社会带来了文化交流"。"抽丝发芽"属于转喻中的"行动中包含的物体代替整个行动"的类型。同样，下一段中的"这意味着和平发展的新常态正在'茁壮成长'"，其中的"茁壮成长"属于"行动代替施事者"的转喻，这里指"新常态"的发展状态。画线部分"'两翼齐飞'，'东出海''西挺进'"属于转喻中的"行动代替施事者"的类型，这里指"中欧班列与西部陆海新通道班列"。

3.2.2.3　基于转喻的隐喻

　　在 Gossens 关于隐喻和转喻之间关系类型研究的基础上，学者 Deignan 进一步做了细化。Deignan（2005：67）提出了基于转喻的隐喻这一概念。她认为"这一类表达的隐喻意可以追踪到身体经验"。例如，"warm welcom"是一个隐喻。其中"warm"是一个基于"温度体现情绪"的转喻。因此"warm welcom"是一个基于"warm"转喻的隐喻。源域是"热的欢迎"，目标域是"让人感觉像朋友一样的欢迎"。在区别基于转喻的隐喻和来自转喻的隐喻时，需要把握住这个表达字面义是否具有逻辑性，即是否能追踪到人的身体经验，如果具有逻辑性，即涉及人的身体经验，那么就是来自转喻的隐喻。如果没有逻辑性，即没有涉及人的身体经验，就是基于转喻的隐喻。在"一带一路"新闻语篇中也经常出现基于转喻的隐喻现象，如下例所示。

例21

金山探路——践行习近平新时代中国特色社会主义经济思想调研记

2021-05-24

在经济发达的上海市版图上，金山区曾是个不起眼的"小个子"。

说它远，在上海16个区中离市中心最远，从最繁华的南京路步行街出发到金山城区70多公里，被视为上海"郊区的郊区"。

说它近，它离海近，坐拥上海唯一7.2公里滨海生活岸线，碧海蓝天尽收眼底。南濒杭州湾，西与浙江嘉兴接壤，处于长三角地理中心位置。

还有一种与大上海的距离感，来自地区的发展印记。在上海人印象中，"呛味"（石油化工）和"臭味"（传统农业）曾是贴在金山头上的两张标签，工业大区和农业大区，是外界对金山的普遍印象。

长期以来，金山区作为上海的"果盘子""菜篮子"，农产品品类多、品牌少，产量高、产出低，总有种"发光不发热"的感觉。探索都市农业发展新路径，近年来，金山各村镇因地制宜、各展所长，奏响了乡村振兴和绿色发展的协奏曲。

分析：例中画线部分"金山区曾是个不起眼的'小个子'"，其中"小个子"是隐转喻的用法。转喻含义"个头小"。基于这个转喻意义，其隐喻的目标域指"金山区在经济发达的上海，曾经非常的不起眼"。画线部分"被视为上海'郊区的郊区'"是来自转喻的隐喻，首先，"郊区的郊区"是一个隐喻，源域是"郊区"指城市外围人口较多的区域，通常是商业区较少，而以住宅为主，或者还有相当程度农业活动但属于都市行政辖区的地区。目标域是"远郊"。两者的相似性在于离市区非常远。画线部分"在上海人印象中，'呛味'（石油化工）和'臭味'（传统农业）曾是贴在金山头上的两张标签"，是来自转喻的隐喻，用两种味道作为金山头上的标签,源域即"两种难闻的味道",目标域为"石油化工"和"传统农业"代表着工业和农业这两个大区。画线部分"金山区作为上海的'果盘子''菜篮子'",其中"果盘子"和"菜篮子"是转喻中的隐喻,源于装水果和装菜的篮子,目标域为"农产品品种多,产量高"。画线部分"奏响了乡村振兴和绿色发展的协奏曲",其中"奏响……协奏曲"和"绿色发展"属于隐转喻的用法,目标域为"乡村振兴伊始"和"无污染的发展","绿色"之所以可以表达环境,是因为良好的环境常常以绿色相伴。如青山绿水、绿色蔬菜、绿色食品,这些都是人们可以感知到的。其次,在源域和目标域的映射中存在以概念邻近性为基础的转喻现象。

例 22

后疫情时代的"一带一路"建设与福建发展论坛在泉州举行

2021-05-23

作为古代"海上丝绸之路"的重要起点城市,泉州被誉为古丝绸之路历史的"活化石"。泉州市常务副市长洪自强表示,泉州正主动融入"一带一路"倡议和福建省"海丝"核心区建设,将历史、区位、资源优势转化为新的历史发展机遇。

会上,中国人民大学重阳金融研究院执行院长、丝路学院副院长王文发表《突围前行,高质发展——疫情期"一带一路"进展评估与"十四五"展望》主题报告。报告从疫情期间"一带一路"突围前行的基本情况、推动高质量共建"一带一路"和"十四五"期间"一带一路"的发展展望、关于"一带一路"高质量发展的长远建议等维度,就建设取得的突出进展、当前的发展趋势、未来的关注领域进行了详尽细致的分析研判,并提出宝贵的政策建议。

分析：例中画线部分"泉州被誉为古丝绸之路历史的'活化石'"，属于转喻的用法。该转喻的源域为某些在地质年代中曾繁盛一时，广泛分布，而现在只限于局部地区，数量不多，有可能灭绝的生物。目标域为泉州的悠久历史。这一基于转喻的隐喻表达，背后的驱动背景是引导语篇理解者聚焦后疫情时代的"一带一路"的建设，并以福建泉州为例。

3.3 外宣报道语言政策隐喻认知机制

随着认知语言学的进展，隐喻已成为认知语义学研究的重要内容之一。在 CDA 中，很多学者对概念隐喻进行了分析研究（张辉、洪艳青，2002；Charteris-Black，2006；Koller，2004；张辉、江龙，2008；Hart，2001）。认知隐喻的核心问题可以归纳为三点：相似性基础、映射关系和两个认知域的数量和方向。即隐喻由源域（source domain）和目标域（target domain）两个认知域构成，源域是我们熟知的，而目标域是我们要认知的，源域和目标域之间具有相似性，可以把两者联系起来，从而可以使我们通过源域去了解目标域，而源域和目标域之间的关系就是映射关系（mapping）。隐喻是一种认知手段和方式，通过不同的认知域，即跨域形成的系统映射去理解事物的本质。隐喻具有普遍性，其哲学基础是体验哲学。隐喻需遵循恒定原则（invariance principle），即源域的意象图式结构与目标域的内部结构相一致的方式投射到目标域上。在"一带一路"新闻语篇检索和分析中，我们发现了大量隐喻现象。

例 23

在中部地区崛起中奋勇争先

2021-05-21

从"中原粮仓"到"国人厨房"

春耕时节，光山县东岳村的家庭农场主杨长太撒下了今年第一把谷种。旁边，家庭农场新招的大学毕业生正在拍摄播种过程，为在电商平台销售"稻虾米"做准备。去年，杨长太帮乡亲卖"稻虾米"等特色农产品，销售额达600多万元。

黄河岸边，尉氏县万亩高标准农田里的麦子一眼望不到边。地头，墒情监测、苗情监测、病虫害防治等设备一应俱全。<u>风吹麦浪，送来即将丰收的消息。</u>

河南粮食生产优势正在不断巩固和发挥。全省优质专用小麦种植面积从2016年的600万亩发展到2020年的1533万亩，位居全国前列。以"粮头食尾""农头工尾"延伸粮食产业链、提升价值链、打造供应链，<u>"中原粮仓"亮出"国人厨房"新名片</u>：不仅解决了自身9900多万人口的吃饭问题，每年还调出原粮及制成品600亿斤左右，生产了约占全国1/4的馒头、1/3的方便面、3/5的汤圆、7/10的水饺。

分析： 例中画线部分"从'中原粮仓'到'国人厨房'"属于实体隐喻中的容器隐喻的用法，从"中原"到"国人"，从"粮仓"到"厨房"将范围作为一种容器的类型。语篇生成者试图比较"中原粮仓"和"国人厨房"的范围延伸，凸显了河南省粮食的覆盖范围。例中画线部分"风吹麦浪，送来即将丰收的消息"属于实体隐喻，源域为行进中的状态"送来"，目标域为风吹麦浪的行为所传递的信息，两者之间具有高度的相似性，即都可以传达信息，引导语篇理解者更好地理解尉氏县万亩高标准农田的小麦产量。画线部分"亮出'国人厨房'

新名片",其中的"亮出新名片"属于实体隐喻,该隐喻的源域是"出示代表个人信息的卡片",目标域为"河南的小麦产量提升"这一全新的景象,源域和目标域之间具有相似性,语篇生成者通过隐喻"亮出"使源域和目标域之间产生映射关系。一方面形象、生动地描述了河南粮食生产的覆盖面积之大;另一方面也使语篇理解者更容易理解。

本书在分析语料时,对隐喻的划分类型主要依据 Lakoff & Johnson (1987) 的理论,即隐喻可以分为实体隐喻、方位隐喻和结构隐喻。通过分析,我们发现大部分属于实体隐喻类型。实体隐喻中的第一个子类是人的隐喻(humanbeings for entities) 等隐喻类型;第二个子类是容器隐喻(state as container);第三个子类包括战争隐喻、火的隐喻和水的隐喻等隐喻类型;第四个子类是颜色隐喻类型。

例 24

奋斗百年路 启航新征程

2021-05-21

坚持绿色低碳发展

擦亮更加出彩的生态底色

河南牢记习近平总书记"高度重视生态保护工作,牢固树立绿水青山就是金山银山的理念,从源头上解决生态环境问题"的殷切嘱托,深入贯彻习近平生态文明思想,以黄河流域生态保护和高质量发展为统领,坚持生态优先、绿色发展,正确处理生态、资源和发展的关系,推动绿色可持续发展。

坚持共同抓好大保护、协同推进大治理。按照中游"治山"、下游"治滩"、受水区"织网"的思路,高起点谋划黄河流域重大生态保护修复、防洪减灾、水资源高效利用等重大工程,打好黄河流域"清四乱"歼灭战。2020年启动370公里沿黄复合型生态廊道建设,高标准建成120公里示范段,建成501公里标准化堤防,黄河安澜和生态环境逐步好转。

分析:例中画线部分"坚持绿色低碳发展"是实体性隐喻的用法,"绿色低碳"是源域,目标域是生态和资源的发展。二者的相似性是对于生态环境的保护。"绿色"生态,"低碳"资源以坚持可持续发展。画线部分"擦亮更加出彩的生态底色",其中"生态底色"是源域,目标域为"黄河流域的生态保护",通过隐喻"更加出彩"使源域和目标域之间产生映射关系。画线部分"绿水青山就是金山银山"是实体隐喻,源域分别为"绿水青山"和"金山银山",目标域为"生态保护"和"资源发展",通过黄河流域生态保护、资源利用进而促进经济发展。例中画线部分"按照中游'治山'、下游'治滩'、受水区'织网'的思路",其中,"中游""下游""受水区"是方位隐喻,三个方位源域的治理,映射了目标域黄河流域的"生态保护修复、防洪减灾、水资源高效利用等重大工程"。语篇生成者通过"治山""治滩"和"织网"隐喻治理过程,引导语篇理解者更好地理解大保护、大治理的理念。

例25

推动中原大地实现历史性跨越

2021-05-21

紧握粮食生产"王牌",在扛稳粮食安全重任上展现更大担当和作为。河南始终把扛稳粮食安全重任作为重要政治责任,坚定实施"藏粮于地、藏粮于技"战略,加快推进高标准良田建设,加大耕地保护力度,加强农机和农技推广,粮食产量稳步提升。2017年以来,河南粮食总产量已连续 4 年稳定在 1300 亿斤以上，用全国 1/16 的土地生产了 1/10 的粮食，在确保国家粮食安全方面展现了河南的担当和作为。

全面实施乡村振兴战略，"三农"的"压舱石"作用更加坚实。河南围绕"人、地、钱"优化乡村振兴资源配置，坚定不移抓粮食生产、推进农业产业化、实施乡村建设行动、打好脱贫攻坚战，促进农业农村发展和农民增收。

分析：例中画线部分"紧握粮食生产'王牌'"属于实体隐喻。源域是"王牌"，目标域是粮食生产是河南最强有力的卖点。画线部分"扛稳"是实体隐喻中人的隐喻（humanbeings for entities）。语篇生成者试图将源域"河南省"和目标域"政治责任"通过"扛稳"这一映射将两者联系起来。画线部分"压舱石"源域为确保平稳的重要措施或手段，目标域为河南省的粮食总产量的稳定性，二者具有稳定的相似性。画线部分"打好脱贫攻坚战"属于实体隐喻中人的隐喻。源域为河南省对于脱贫的政策实施，目标域为乡村振兴战略通过"人、地、钱"实现农民收入增长这一目标。语篇生成者通过隐喻的表达，使语篇生成者更容易理解如何使农民脱贫，使新闻的文体表达更加形象和生动。

例 26

博物馆内外，总书记这样说

2021-05-18

"把红色基因传承好，确保红色江山永不变色"

在河南考察期间，习近平总书记来到鄂豫皖苏区首府革命博物馆。鄂豫皖苏区是中国共产党在土地革命战争时期领导创建的根据地之一，是仅次于中央苏区的第二大革命根据地，诞生了多支红军主力，创造了

"28 年红旗不倒"的奇迹。总书记强调：

"像对待生命一样对待这一片海上绿洲和这一汪湛蓝海水"

在海南考察期间，习近平总书记来到海南省博物馆，参观海南建省办经济特区 30 周年成就展。

分析：例中画线部分"把红色基因传承好，确保红色江山永不变色"是实体隐喻中颜色的隐喻的用法。源域是"红色基因"，目标域是"诞生了多支红军主力"的革命根据地，是革命精神的传承，红色象征光明，凝聚力量，引领未来。画线部分"红旗不倒"属于实体隐喻中的战争隐喻，语篇生成者通过"不倒"这一代表战争隐喻的状态，用来映射革命的胜利。画线部分"像对待生命一样对待这一片海上绿洲和这一汪湛蓝海水"是实体隐喻中的颜色隐喻。源域为"生命"，目标域为"海上绿洲"和"湛蓝海水"，通过隐喻"对待"进行映射，二者具备相似性，就是对待二者的态度，要怀有"敬畏之心"。其中的"海上绿洲"又属于颜色隐喻。源域是自然语言中的颜色"绿色"，目标域是环境无污染，天然。

例 27

闽江山水之城视听灯光秀"震撼"福州夜空
2021-05-18

17 日晚，一场由无人机、焰火、灯光、音乐融合的表演秀照亮福建省福州市闽江两岸。流光溢彩闽江畔，火树银花不夜城，虽雨雾蒙蒙，但引得众多市民围观、喝彩。

这是福建首次融合焰火、灯光、无人机及音乐表演的山水大秀，以山为屏，以水为幕，以闽江两岸现代化建筑群为前景，实现高、中、低，水、陆、空的全景式震撼视听效果。

第四届21世纪海上丝绸之路博览会暨第二十三届海峡两岸经贸交易会（简称"5·18"）的重要活动之一，"有福之州 盛世璀璨"闽江山水之城视听灯光秀活动当晚在福州上演。

桥面、闽江两岸及楼体灯光交相辉映，共同渲染山水全景画卷。据悉，本次视听表演秀活动紧紧围绕"拓展海丝合作、深化两岸融合、共享发展机遇"主题展开，通过"有福之州 幸福之城""丝海扬帆 行稳致远""两岸融合 第一家园""创新合作 共享共赢"等篇章展开。

分析：例中画线部分"丝海扬帆 行稳致远""两岸融合 第一家园"属于结构隐喻，源域"丝海扬帆"，目标域为经贸交易会的成功举办。源域"两岸融合"的目标域为"福建省福州市闽江两岸"通过融合这一映射，成为第一家园，实现创新合作，共享共赢的目标。

例28

开创共同发展的光明未来

2021-05-15

肯尼亚政府学院外联处主任普利斯卡·奥卢奇表示，非洲有一句谚语"独行快、众行远"，这一合作精神在非中对话交流中得到充分印证。中非合作论坛行动计划已成为中国和非洲平等互利、共同发展的合作原则，在共建"一带一路"沿线国家搭建起了一座人文交流的桥梁。

联合国教科文组织前总干事博科娃说："在漫长的岁月里，从西安到威尼斯，经过撒马尔罕和巴格达，丝绸之路讲述了一个个文明交流互鉴、推动人类进步的故事。丝绸之路也提醒着我们，孤立的文化无法兴旺发达，不同文明之间相互影响、相互滋养，越包容越强大。"

分析：例中画线部分"独行快、众行远"属于实体隐喻，"独行"的源域为非洲独立发展，孤立的文化。"众行"的源域为"中非合作"，目标域为"不同文明间的相互影响",二者的相似性在于中非合作的优势:不同文明之间相互滋养,相互包容。

例 29

外交部就美方呼吁世卫组织邀请台湾参与世卫大会等答问
2021-05-11

俄新社记者:中国火箭残骸落入印度洋后,美国国家航空航天局局长比尔·纳尔逊称,中国在空间碎片方面没有做到负责任的态度。中方对此有何评论?

华春莹:这几天美国等个别国家渲染炒作中国火箭残骸坠落问题。但我们已经看到有关报道,火箭末级已经再入大气层,没有对地面造成危害。

至于你提到的 NASA 局长有关说法,经向中国载人航天工程办公室了解,用于发射航天器的运载火箭经过轨道高度自然衰减最终再入大气层销毁,是目前国际上的通行做法。北京时间 4 月 29 日,长征五号 B 遥二运载火箭成功将空间站天和核心舱送入预定轨道后,中国政府始终高度关注其火箭末级的再入情况。该火箭末级已采用了钝化处理技术,不会在轨道上发生爆炸而产生空间碎片,其末级绝大部分组件在再入大气层过程中烧蚀销毁,对航空活动及地面造成危害的概率极小。

中方通过国际合作机制共享再入预测的结果。中方也一贯根据国际法和国际惯例开展和平利用外空的活动,愿意同各国就空间碎片问题开展更广泛的国际交流合作,确保外空活动的长期可持续性。

但我也想说,美方一些媒体、一些人在这个问题上显然是有双重标准的。大家可能还都记得,今年 3 月美国 SpaceX 火箭残骸掉落在美国一家农场时,美国媒体纷纷用"流星划过""点亮夜空""炫目灯光秀"这样的浪漫词汇来描绘和渲染。但一到中方就是完全不一样的调门。我注意到有中国网民调侃说，或许美国政客失忆了，但互联网是有记忆的。我们愿意同包括美国在内的其他国家加强合作，但是我们反对在这个问题上持双重标准。

分析：例中画线部分源域"流星"源域是"SpaceX 火箭残骸"。美方试图通过二者的相似性"流星划过""点亮夜空""炫目灯光秀"映射认知域之间的关系，但事实并非如此，华春莹就美国的双重标准进行隐喻。通过对中美火箭残骸坠落的描述，使语篇理解者更清楚地看清美方所持态度。

例 30

"我们正走在一条充满希望的道路上"（辉煌历程）

2021-05-04

面对肆虐全球的新冠疫情，一列列驰骋的中欧班列打通<u>"生命通道"</u>，为沿线国家和地区民众带去宝贵的防疫及生产生活物资。2020年，中国对"一带一路"沿线国家非金融类直接投资 177.9 亿美元，增长 18.3%；沿线国家在华新设企业 4294 家。共建"一带一路"展现出巨大韧性和旺盛活力。

顺应经济全球化的历史潮流，顺应全球治理体系变革的时代要求，顺应各国人民过上更好日子的强烈愿望——共建"一带一路"凝聚起破浪前行的磅礴力量，已成为开放包容的国际合作平台和广受欢迎的全球公共产品。埃塞俄比亚总理阿比坚信："'一带一路'格局宏大，它将国际社会重新定义为共同努力构建人类命运共同体的家园"。

分析：例中画线部分"生命通道"是结构隐喻。源域为中欧班列的轨道，目标域为给沿线国家和地区民众提供防疫和生产生物物资的专用交通列车。二者具有相似性，即均为供执行紧急任务的应急、抢险、救援等车辆使用的应急车道。

例 31

增进交流合作 共享发展机遇（百名外国政党政要看中共）
2021-04-28

中国共产党要始终得到人民拥护和支持，必须始终牢记初心和使命。在琼斯看来，通常在一国经济发展和人民生活逐渐富裕的情况下，会出现一种"镀金时代"现象，主要表现为人们往往更关心自己的福祉，而漠视他人的利益。针对这一问题，中国共产党勇于推进自我革命、开展反腐行动。

脱贫攻坚战的全面胜利是中国共产党在现代化征程中取得的又一项伟大成就。琼斯认为，习近平新时代中国特色社会主义思想的最显著特征就是关注并改善民生，"在这一思想的指引下，中国在国际舞台上的角色日益耀眼"。

分析：例中画线部分"镀金时代"是隐喻的用法，源域为高速的经济增长与尖锐的社会矛盾相并存。目标域是经济发展情况下人民对待自己和他人的态度。通过一种时代现象映射源域与目标域之间的相似性，即冲突现象。使语篇理解者能够更好地理解这一问题的指向，关注解决措施。

例 32

内陆太原握手滨海名城："好风光"吸引"好空气"
2021-04-25

沿海城市广西北海 25 日深入内陆城市山西太原，以"一口好空气"为由头营销城市,借此吸引北方"候鸟族"。

广西北海地处中国南海之滨、北部湾经济区,山西太原地处黄土高原。原本相隔2000余公里的两座城市,因为"一口好空气"相遇。

当天,广西北海集结旅游、住建、投资促进等部门深入内陆山西,展开一场城市营销。阳光明媚、沙滩洁净、天空湛蓝,作为滨海城市,北海在现场把上述元素充分展示,以此凸显城市气质。

太原市委常委、宣传部部长杨继承表示,北海是古代"海上丝绸之路"的重要始发港之一,也是国家历史文化名城。同时,北海生态环境优良,享有中国最大的天然"氧吧"美誉,太原人民非常向往。

面向远道而来的客人,杨继承在推介晋祠、双塔寺、青龙古镇、晋阳湖、天龙山等诸多"好风光"同时,强调太原是一座具有5000多年文明史和2500多年建城史的国家历史文化名城。

"北海是中国西南中南'走出去'和'引进来'的重要通道,是'一带一路'建设的重要节点城市,也是我国首批沿海开放城市。"北海市住建局副局长吴海燕说,北海生态环境良好,空气质量优良率稳居全国前列。

分析:例中画线部分"一口好空气"是实体隐喻,源域为北海阳光明媚、沙滩洁净、天空湛蓝的自然环境。二者具有相似性,都能给人带来舒畅的心情。画线部分"候鸟族",源域为随着气候和季节变化,从而进行周期性迁徙的鸟类。目标域为因气候寒冷而在冬季偏好去南方过冬的北方人。二者具有相似性,因气候的变化转移居所。画线部分"天然'氧吧'"属于实体隐喻。源域为备有输氧装置专供人吸取氧气的营业性场所,目标域为北海植被茂密、氧气含量大。二者具有含氧量高的相似性。语篇生成者通过隐喻的表达,使语篇理解者更容易理解北海的空气质量和生态环境。下画线部分"'走出去'和'引进来'",

属于方位隐喻，源域为两个相反的方向，目标域是二者的结合是一项重要的国家战略，是实现对外开放全面协调发展的必要途径。

例 33

【侠客岛】协议"说撕就撕"？疯起来的澳大利亚连自己人都打

2021-04-23

本来，维州对华关系友善，原是中澳关系未来回温的一个窗口。但澳联邦政府在对华事务上一而再、再而三地搞破坏，顾头不顾腚，自然使本就严重困难的中澳关系雪上加霜。先前罔顾国计民生，事后"卖惨"又有何用？

中国驻澳大利亚公使王晰宁有句话说得好："中国不是一头奶牛，人们不该想着在中国正值盛年时挤奶，最终再密谋将其宰割。"

如果澳大利亚政府觉得当年在澳大力投资的中国是奶牛，现在可以宰了牛，那未免太拎不清自己了。用中国网约车司机的话说，"你搞清楚自己的定位没有？"

分析： 例中画线部分"雪上加霜"是实体隐喻，源域为灾祸、问题等相继发生。目标域为中澳关系因澳联邦政府对华事务的态度使得关系由回温变为困难。二者具有相似性，都是指情况的恶化。画线部分"一头奶牛""挤奶""宰割"，源域为奶牛的功能，目标域为中国被利用的手段。二者具有相似性，即一味付出，却没有好结果。语篇生成者通过隐喻的表达，使语篇理解者更清楚地了解澳大利亚政府的目的。

例 34

同舟共济扬帆起

2021-04-22

年会还紧扣时代特点，聚焦数字经济的机遇与挑战、5G的未来、后疫情时代的人工智能等议题，通过对这些议题的探讨，共同为后疫情时代的科技进步、行业转型和社会管理把脉问诊，为世界经济复苏和人类长远可持续发展献计献策。

分析：例中画线部分"把脉问诊"是实体隐喻中人的隐喻，源域是中医师用手按摩病人的动脉，根据脉象来了解疾病内在变化的诊断方法。目标域是对后疫情时代的诸多问题探寻原因。二者具有相似性，都是以解决问题为驱动。话语生成者通过"把脉"这一动作，使文体表达更加形象生动。

例 35

凝聚共识，高质量共建一带一路

2021-04-21

推动绿色发展 共享实践经验

"绿色"是高质量共建"一带一路"的重要理念之一。在可持续融资助力高质量共建"一带一路"圆桌会现场，斯里兰卡莫拉格哈坎达灌溉项目的案例分享备受关注。该项目是斯里兰卡最大的水利枢纽工程，工程为斯里兰卡主要水稻种植区提供灌溉用水，同时还带动了渔业的发展，使当地民众实现增收。

长期关注共建"一带一路"项目投融资可持续性的清华大学五道口金融学院院长张晓慧说，正是该项目在绿色环保、经济可持续性、改善当地民生等多方面取得的成绩，促成了其于2019年成功入选世界银行和联合国粮农组织联合发起的全球减贫案例征集活动的最佳案例。

分析：例中画线的两个部分"推动绿色发展"和"'绿色'是高质量共建'一带一路'的重要理念之一"，属于实体隐喻中的颜色隐喻。源域为自然语言中的颜色"绿色"，目标域是环保，无污染等。

例 36

回应时代呼唤 开创美好未来

2021-04-21

"只有人人安全，世界才会安全。"智利总统皮涅拉表示，赞赏中国努力提高疫苗产量，使之不仅服务中国人民，也服务世界其他国家的人民。我们需要合作，不仅是为了应对眼下和未来的流行性疾病，更是推动已经开启的复苏进程。我们现在就要就全球性解决方案达成一致。

韩国总统文在寅说，自我优先和贸易保护主义抬头，短期内可以成为保护本国经济的围墙，最终会成为阻碍全球经济复苏的壁垒。国家不论大小、贫富，只有各国相互尊重、平等合作，才能实现全人类的可持续发展。

应对共同挑战、迈向美好未来，既需要经济科技硬核力量，也需要文化文明润物无声。

建设"四大伙伴关系" 在"一带一路"的阳光大道上携手前进

这是疫情阴霾下的一抹亮色。

今年第一季度，中欧班列开行列数在 2020 年同比增长 50% 的基础上，又同比增长了 15%。

面对疫情影响，虽然海运、空运受阻，但有着"钢铁驼队"之称的中欧班列却依然有序运行，成为全球产业链"大动脉"和疫情防控的重要"生命线"，展现出"一带一路"的强大韧性和活力。

"'一带一路'是大家携手前进的阳光大道""共建'一带一路'追求的是发展，崇尚的是共赢，传递的是希望"……在演讲中，习近平主席的话语引发了大家的共鸣。

分析：例中画线部分"人人"和"世界"是实体隐喻中人的隐喻，源域为个体和全球安全，目标域为中国疫苗的接种率。通过"服务"进行映射。画线部分"围墙"和"壁垒"属于实体隐喻，源域为对立的事物和界限，目标域为"自我优先和贸易保护主义"。二者具有相似性，防御他人的同时，也困住了自己。画线部分"钢铁驼队"属于实体隐喻，源域为如钢铁般的骆驼队伍，目标域为安全高效的中欧班列。画线部分"大动脉"和"生命线"属于实体隐喻中人的隐喻。源域是人体的主动脉，是人体循环的主要干道。目标域为重要的运输线，主要交通干线。二者具有相似性，即体现了不可替代的位置。

例 37

中国焦点面对面："十四五"华商如何布局新赛道？

2021-04-21

中新社记者：博鳌亚洲论坛 2021 年年会正在举行，华商应该如何探索合作模式，积极参与海南自贸港建设？

许荣茂：在自贸港建设进程中，海南不断为广大华商、企业家投资兴业提供优惠政策和优质服务，为贸易、投资、跨境资金、人员流动提供便利。未来，随着自贸港建设的蓬勃开展，海南也将不断成为华商投资兴业的"新乐土"。

广大华商心系故土，是中国新时期改革开放和海南自贸港建设中不可缺少的力量。建议华商积极把握海南发展大势，抓住自贸港建设的广阔机遇，充分把握政策红利，争取成为自贸港建设的"合伙人"。广大华商可积极投身旅游、康养、消费、会展等优势产业，同时充分施展资源和人脉优势，为自贸港对接优秀的人才、资金和项目。

分析：例中画线部分"新赛道""新乐土"属于实体隐喻。"赛道"的源域"为比赛设计的跑道"，目标域为参与海南自贸港建设的"合作模式"；"乐土"的源域是指安静美好的地方，目标域为"自贸港建设所带来的新机遇"。二者具有相似性，即都是海南自贸港建设所带来的机遇、政策红利和蓬勃发展。

例 38

张车伟：论人口规模巨大的现代化

2021-04-20

人口规模大在新中国刚成立时并不是发展优势，还一度成为制约的"包袱"。随着教育水平的提高、健康水平的改善、妇女平等参与社会事务以及收入水平的不断增长，我国在几十年的时间内，经历了人口从高出生、低死亡、高增长到低出生、低死亡、低增长的转变。人口转变以及人口素质不断提高，使得人口迅速从"包袱"变成"财富"，我国也从人口大国转变为人力资源大国。在此过程中，我国获得了一个劳动年龄人口占比较高的有利时期，再加上改革开放带来的制度红利，经济迅速腾飞。

分析：例中画线部分"从'包袱'变成'财富'"属于实体隐喻。源域为精神负担和有价值的东西，目标域为人口素质提高带来的人口大国到人力资源大国的转变。二者具有相似性，即都是从消极向积极的过程转变。

例 39

【奋斗百年路 启航新征程】共奏"一带一路"和谐交响曲
2021-04-20

2013 年，习近平主席在出访哈萨克斯坦和印度尼西亚时，先后提出共建"丝绸之路经济带"和"21 世纪海上丝绸之路"的倡议。自此，"一带一路"倡议这个根植历史厚土、<u>承载时代使命的世纪工程起笔擘画</u>，开启了中国与世界共同繁荣发展的崭新篇章。

两年后，在第二届"一带一路"国际合作高峰论坛上，习近平主席指明共建"一带一路"沿着高质量发展方向不断前进的实践路径，为"一带一路"建设从"大写意"迈向"工笔画"注入了强大推动力。随着"一带一路"合作画卷渐次铺展，"六廊六路多国多港"主骨架逐步成形，中欧班列、陆海新通道等大通道建设成效显著，经贸合作园区建设不断取得积极进展。

分析：例中标题"共奏'一带一路'和谐交响曲"是实体隐喻。源域共同弹奏交响曲，目标域为中国与世界共同繁荣和谐发展。语篇生成者通过动词"共奏"映射出中国与世界的亲密关系。画线部分"承载时代使命的世纪工程起笔擘画"属于实体隐喻，源域是 21 世纪海上丝绸之路，目标域为世纪工程。语篇生成者通过动词"起笔擘画"映射倡议的执行。下画线部分从"大写意"迈向"工笔画"是实体隐喻，源域为两种作画风格，大写意是从大处着眼，通盘考虑；工笔画是从小处着手，精雕细琢。目标域为"一带一路"已从开始的谋篇布局进入精雕细琢阶段。"迈向"这一动词又是方向隐喻，映射出"一带一路"建设的走向。

例 40

论人口规模巨大的现代化

2021-04-19

建立完整的现代产业体系。我国今天取得的经济成就不仅体现在增速快，还体现在逐步建立了一个门类齐全的产业体系。满足 14 亿人口的需求，不能把希望完全寄托在外部世界，必须拥有门类齐全的产业体系。农业关系着老百姓的生存，"中国人的饭碗要牢牢端在自己手里"，目前中国是世界上谷物、肉类、水果等第一大生产国，为中国人的饭碗装满优质中国粮提供了重要保障和支撑。工业是国民经济的支柱，是强国之本，关系到国家安全，我们主要依靠自己的力量建立了世界上最为完整的产业体系，这是一个了不起的成就，为推进现代化进程建立了牢固的产业基础。

分析：例中画线部分"中国人的饭碗要牢牢端在自己手里"是人的实体隐喻中的容器隐喻，"饭碗"的源域为用来盛饭的容器，目标域为门类齐全的产业体系。通过牢牢端住这一映射，将目标域与源域联系在一起。语篇生成者通过隐喻使语篇理解者明白中国依靠自己的力量建立了世界上最完整的产业体系这一了不起的成就。

例 41

博鳌亚洲论坛：海南对外开放和自贸港建设的"金字招牌"

2021-04-18

"国际范"与"田园风"相碰撞，海南创新外事招商引资模式，通过博鳌"乡村振兴外事直通车"，开展外事交流、招商引资活动。2019年论坛年会期间，吸引微软、惠普等企业来琼设立研发中心等，为旅游、人工智能、医疗健康、海洋等产业赋能。

近年来，海南利用论坛平台助推产业合作。作为"博鳌亚洲论坛发展的第二乐章"，博鳌乐城国际医疗旅游先行区自 2013 年设立以来，国际化医学产业园区初具雏形。该先行区管理局副局长刘哲峰称，先行区 2020 年进口临床急需药品和医疗器械货值 1.7 亿元人民币，同比增长近 6 倍；在疫情背景下，接待的医疗旅游人数达 8.4 万人次，比 2019 年增长 12%。

分析： 例中下画线部分"'国际范'与'田园风'"源域为博鳌乐城国际医疗旅游先行区和海南的生态底色，目标域为外事交流、招商引资的活动。语篇生成者通过隐喻将海南的过去与现在做了生动形象的对比更易于语篇理解者了解海南的变化根源。

例 42

美国死咬新疆不松口，因为事关西方最怕的一件事

2021-04-17

当时，"地缘政治学"的奠基人、英国战略学家麦金德提出了非常著名的三段论，第一句：谁控制了东欧，谁就控制了心脏地带；第二句：谁控制了心脏地带，谁就控制了世界岛（欧亚大陆），世界岛呢，指的是欧亚大陆；第三句：谁控制了世界岛（欧亚大陆），谁就控制了世界。

那么，麦金德所谓的心脏地带是哪里呢？指的就是欧亚大陆的中部。大家可以在脑海中构想一下俄罗斯、中亚五国、蒙古、伊朗、阿富汗和中国的西北部，加在一块儿就差不多了，这就是"心脏地带"。

分析： 例中画线部分"心脏地带"是实体隐喻中的人的隐喻。源域是提供血液动力，使血液运行到人体各个部位的重要器官。目标域为欧亚大陆中部。语篇生成者通过隐喻，使语篇理解者了解控制东欧所带来的巨大影响。

3.4 外宣报道语言政策概念整合认知机制

概念整合理论来源于心理空间理论。心理空间理论是 Fauconnier（1994，1997）在《心理空间》（*Mental Space*）中提出来的。Fauconnier 和 Turner 于 2002 年在《我们的思维方式》（*The Way We Think*）又对该理论进行了补充和完善。概念整合通过映射关系，将两个输入空间联系起来，两个输入空间的相似性和共同的图式结构又包含在第三个类属空间里，而两个输入空间有选择地投射到第四个空间，又可以得到一个可以动态解释的整合空间。

整合空间是在两个输入空间相互映射基础上的新创结构。新创结构是在认知和信息加工基础上形成的，不是两个输入空间的简单相加。这个过程包括组合（composition）、完成（completion）和扩展（elaboration）三个整合运作过程（Fauconnier，1997：42-44）。该过程如图 5 所示。

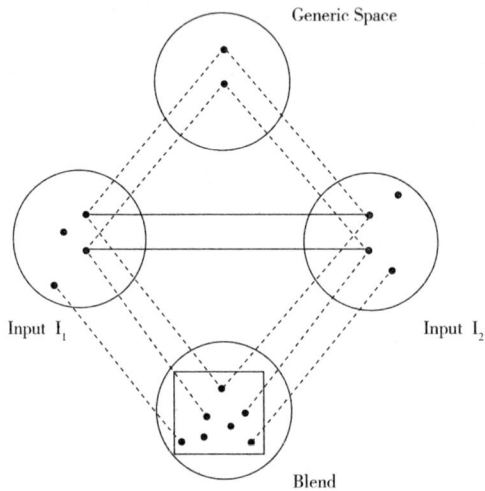

Generic Space

Input I_1

Input I_2

Blend

图 5　概念整合理论图（Fauconnier，1997：151）

对概念整合理论进行阐述最经典和最常见的例子是 The surgeon is a butcher（Fauconnier & Turner, 1998：279），鉴于很多文献中都有对此例的解释，本书不再赘述。在"一带一路"新闻语篇分析中，我们可以用概念整合来理解语篇的认知机制。按照语种的分类如下例所示。

例 43

勇当改革开放"开路先锋"　珠海奋力续写更多"春天的故事"
2021-04-10

方向既定，路线既明。3 月 29 日，《中共广东省委 广东省人民政府关于支持珠海建设新时代中国特色社会主义现代化国际化经济特区的意见》正式发布，把"践行全面深化改革开放新使命"列为七大重点任务之首。昂首迈向"十四五"新征程的珠海，将继续高举改革开放伟大旗帜，用足用好经济特区立法权、牢牢把握更大改革发展自主权、推动创造型引领型改革、打造开放合作新高地，勇当改革开放"开路先锋"，奋力续写更多新时代"春天的故事"。

近年来，珠海坚持立法创新，出台法治政府建设系列措施，制定出台粤港澳大湾区建设配套规范性文件，完善国际化法治化营商环境，为法治中国建设"探路"。去年 8 月，《关于第一批全国法治政府建设示范地区和项目命名的决定》发布，珠海市获得"全国法治政府建设示范市"称号。

分析：例中画线部分"开路先锋"可以用概念整合来理解其认知机制。第一个输入空间是"开路先锋"，即进行某项工作的先遣人员。第二个输入空间是"珠海"，即高举改革开放伟大旗帜，打造开放合作新高地。两者的共性在于"给工作建立基础，开创新局面"。这种共性属性构成了一个类属空间，两个输入空间整合后的结果最终构成了一个整合空间。语篇理解者可以通过两个心理空间的跨越，以更好地理解"珠海，开路先锋"这一整合空间。

例44

厦大百年 与大海一起见证中国教育走向开放

2021-04-06

这是一所具有光荣传统的大学。100年来，学校秉持爱国华侨领袖陈嘉庚先生的立校志向，形成了"爱国、革命、自强、科学"的优良校风，打造了鲜明的办学特色，培养了大批优秀人才，为国家富强、人民幸福和中华文化海外传播作出了积极贡献。厦大与大海一起见证了中国教育走向开放。

向海而生、为国育才

100年前，爱国华侨陈嘉庚先生创办厦大时曾说过：要让外国的轮船来往厦门港时，能从海上一眼就看到一所壮观的学府。

从诞生之日起，厦大与民族共命运、与时代相偕行，<u>以"海"的胸怀博集东西、兼容并蓄</u>。

分析：我们在理解自然话语的意义时需要进行联想和意义对接，从一个心理空间的理解出发，联想和跨越到另一个心理空间，通过逻辑推导才能准确地进行概念结构的重组。Van Dijk（1993）认为，自然话语不是完全显性的，很多时候具有一定的蕴含义，即有一定的隐性含义。例中画线部分"以'海'的胸怀博集东西、兼容并蓄"，既可以通过概念隐喻来理解，也可以通过概念整合来理解。首先"海"是一个输入空间，"厦大"是另一个输入空间。两者的共性在于"容纳"，这种共性属性构成了一个类属空间，两个输入空间整合后的结果是构成一个整合空间。语篇生成者试图引导读者从"海纳百川"这一心理空间，跨越到"厦大的博集东西、兼容并蓄"，更好地理解厦大一直秉持与民族共命运、与时代相偕行的理念和精神。

例 45

"亲"在何处？"立"向何方？解读东盟四国外长"联袂"访华

2021-04-03

从共建"一带一路"到抗疫合作，从签订《区域全面经济伙伴关系协定》到推进"南海行为准则"磋商，合作迈入"<u>而立之年</u>"的中国和东盟国家"<u>常来常往、越走越亲</u>"。观察家认为，在世纪疫情与百年变局叠加激荡的当下，中国与东盟频频互动难能可贵，将助力后疫情时期合作提质增效。

"亲"在何处？从接待地说起

中国与东盟国家陆海相连、习俗相似、文化相通。千百年来相互交往，双方在人文经贸等各领域深度融合。此次接待地福建是"海上丝绸之路"的起点，也是"21世纪海上丝绸之路"核心区。回溯历史抑或着眼当下，福建都与东盟国家有着亲近的关联。

分析：本例可用概念整合框架来分析。例中画线部分"而立之年"是一个输入空间，另一个输入空间是中国与东盟国家的合作。两个输入空间的共性在于都具有30年的时间。这种共性属性构成了一个类属空间，而两个输入空间整合后的结果是构成一个整合空间。语篇生成者借用人到30岁可以自立的年龄，使语篇理解者可以理解中国与东盟国家的往来和频频互动促进了双方在各个领域的深度融合。

例 46

学习网评：一片小小的茶叶背后承载着什么
2021-03-25

　　以茶兴业、以茶富民，<u>一片叶子，成就了一个产业，富裕了一方百姓</u>。我国产茶的省份很多，茶产业一头连着千万茶农，一头连着亿万消费者，是为茶农谋利、为饮者造福的产业。在这些"茶叶之乡"中，福建尤为突出。以习近平总书记此次考察的燕子窠生态茶园来说，近年来在科技特派员团队指导下，茶园突出生态种植，提高了茶叶品质，带动了茶农增收，茶产业成为脱贫攻坚的支柱产业。茶之道，就是人民群众的幸福之道。在接续推进乡村振兴的奋斗路上，茶产业更是推动绿色发展、高质量发展的有力抓手，必将为广大百姓进一步打开致富之门。

　　分析：例中画线部分"一片叶子，成就了一个产业，富裕了一方百姓"可以运用概念整合机制进行解析。其中"一片叶子""一个产业""一方百姓"是一个输入空间，"以茶兴业""以茶富民"是另一个输入空间。两个输入空间的共性在于茶产业给人民带来的幸福。这种共性属性构成了一个类属空间，而两个输入空间整合后的结果是构成一个整合空间。语篇生成者通过茶产业事件，描述了通过茶叶品质带动茶农增收到茶产业的兴盛，再到百姓致富的过程。整合后的空间让语篇理解者更清晰地了解"茶之道，就是人民群众的幸福之道"。

例 47

中国移动海南-香港国际海缆登陆海南文昌
2021-03-20

　　据中国移动通信集团海南有限公司 20 日消息，中国移动海南-香港国际海缆系统工程海南侧海缆于 3 月 19 日成功登陆海南文昌。该项目是海南第一条国际海缆，是支撑海南互联网开放的重要通信基础设施。

海底光缆系统作为国际通信网络最重要的传输管道，是国际通信信息的基础设施，更是全球互联网的"中枢神经"。

海南-香港海缆系统工程连接海南文昌、珠海横琴和香港春坎角三个登陆点，其中海南至香港主干段总长度约562公里，珠海分支段长度约113公里，是国内首个16纤对超大容量中继海缆系统。

根据围绕海南建设多条海缆、将海南纳入国际海缆主干网络的构想，中国移动目前正筹建其他以海南为起点的海上丝绸之路方向海缆。

分析：本例可以运用概念整合框架理论来分析。例中下画线部分"中枢神经"是一个输入空间，"海底光缆系统"是另一个输入空间。两个输入空间的共性在于都具有"支配和调节的功能"的特点。这种共性属性构成了一个类属空间，而两个输入空间整合后的结果是构成一个整合空间。将海南第一条国际海缆加上互联网中枢神经这一属性，表达了海底光缆的重要性，整合后的空间可以让语篇理解者了解"中国移动海南-香港国际海缆系统工程"的功能和作用。

例48

王毅在十三届全国人大四次会议举行的视频记者会上
就中国外交政策和对外关系回答中外记者提问
2021-03-08

《中国日报》记者：我代表全球网友提问，一些外国媒体特别是西方媒体惯于对中国进行选择性报道。联想到延安时期，美国记者斯诺的《红星照耀中国》让世界第一次了解了中国共产党。您觉得今天的外国记者中能产生"斯诺"吗？

王毅：首先，我要借此机会感谢外国媒体朋友的辛勤工作。媒体是各国沟通了解的重要桥梁。去年新冠疫情发生以来，很多外国媒体朋友坚守岗位，持续向世界讲述中国人民抗疫故事。你们辛苦了！

80多年前，斯诺和斯特朗、史沫特莱等一批外国记者来到中国陕北延安，将自己的所见所闻所思所想忠实介绍给了世界。斯诺并不是共产主义者，但他看待中国共产党时，不带意识形态偏见，始终坚守客观真实，始终追求公正良知。他所展现的职业精神和道德操守让人敬佩，他为增进中美人民的相互了解倾注了毕生心血，中国人民至今仍然怀念他。

今天的中国需要更好了解世界，世界也需要更好了解中国。无论时代如何变迁，媒体都应坚守职业道德。<u>我希望外国媒体记者将焦距对准中国时，既不要用"美颜相机"，也不要用"灰黑滤镜"。只要真实、客观、公正，你们的报道就会丰富精彩，就能经得起历史的检验</u>。中国希望并欢迎更多外国媒体记者成为"新时代的斯诺"。

分析：例中画线部分"美颜相机"和"灰黑滤镜"是一个输入空间，"真实、客观、公正的报道"是另一个输入空间，两者的共性在于"美颜""滤镜"和"媒体"都是一种传播介质。这种共性属性构成了一个类属空间，而两个输入空间整合后的结果是构成一个整合空间。语篇生成者试图表达媒体要坚守职业操守，不要夸大和扭曲事实，要实事求是。整合后的空间让语篇理解者更清晰地了解媒体的职责，既形象又批判地表达了中国对于外国媒体记者的期望。

例49

新气象｜"渤海明珠"天津港全面升级
2021-07-19

如今，在天津港，这个问题得到了突破——通过激光视觉扫描系统扫描确定集装箱锁具类型，再确定解锁方式，指挥机械臂来完成装卸。

之前，两名工人一起装卸需要一分钟左右时间。智能化升级后，无需一人便可在二三十秒内完成。

而这样的智能化升级背后，是一个个自主创新。像这样，随着智能加解锁以及防摇防扭、无人驾驶集卡引导等关键技术的攻破，自动化码头升级改造的"堵点"被一个个打通。

"现在，司机坐在办公室里，用两个手柄和按键就能进行控制操作，一些设备甚至可以完全达到自动化。"天津港集装箱码头有限公司党委书记刘杰强说，随着传统集装箱码头全流程自动化升级改造项目全面运营，操作系统智能化的发挥使天津港整体作业效率和集疏运能力大幅提升。

如今的天津港集装箱码头成了名副其实的"无人码头"。相比之前的码头，因为恶劣天气的影响，或者是操作人员的疲劳导致效率降低的情况，不会再出现，这里已成为一个 24 小时不间断"营业"的码头。

分析：例中画线词"无人码头"可以用概念整合理论来理解。"无人码头"是一个输入空间，"自动码头"是另一个输入空间，两个输入空间的共性在于都是无需一人。这种共性属性构成了一个类属空间，而两个输入空间整合后的结果是构成一个整合空间。语篇生成者通过智能化升级后的码头，隐喻性表达了天津集装箱码头的操作技术。整合后的空间使语篇理解者了解全面运营的自动化升级后的项目所带来的高效作业。

例 50

中国式现代化新道路新在哪？

2021-07-19

就现代化的组织形式而言，西方式的现代化以资本主义议会民主作为政治制度，以选举民主作为实现人民民主权力的主要形式，与封建社会相比，在历史上是一个巨大进步，但单纯的选举民主最终会导致政党政客只关心选票和选民，不仅无法排除选举过程中的黑金政治，也有可能伴随选民分裂而导致社会撕裂，还有可能使国家政治生活随着选举产生"翻烧饼"似的周期性震荡。中国式现代化道路坚持党的领导、人民当家作主、依法治国有机统一，强调有事好商量，众人的事情由众人商量，是人民民主的真谛。既始终坚持中国共产党的领导，坚持全国人民代表大会的根本政治制度，确保人民当家作主，同时充分发挥各民主党派和无党派人士参政议政作用，构建新型政党制度，既有选举民主，也有伴随社会全领域、全过程和全周期的协商民主，<u>用"接力赛"超越西方选举制的"拳击赛"</u>，能够更好发挥制度优势，提升治理效能，实践充分证明，中国式民主在中国行得通、很管用，走出了一条中国特色社会主义政治发展道路。

分析：例中下画线部分"接力赛"和"拳击赛"是一个输入空间，"既有选举民主，也有协商民主"和"单纯的选举民主"是另一个输入空间。两个输入空间的共性在于都具有合作，传承和高度的应变性、对抗激烈的特点。这种共同属性构成了一个类属空间，而两个输入空间整合后的结果是构成一个整合空间。将中国式民主和西方式资本主义议会民主用作隐喻。整合后的空间可以让语篇理解者了解中国式民主在中国行得通、很管用，走出了一条中国特色社会主义政治发展道路。

3.5　本章小结

本章主要将认知语言学理论与 DALP 研究相结合，即从批评认知的视角探讨分析丝路频道"一带一路"新闻语篇的认知机制。通过对"一带一路"新闻语篇中转喻、隐喻、概念整合认知机制的解读，可以更清晰地展现语篇是如何被语篇生产者进行概念化的，以及这种概念化的机制和过程是如何构造的。进而为第四章语篇生产者是如何利用话语策略达到驱动和引导的目的，提供理论基础和认知依据。话语策略是认知机制的拓展和延伸。第四章将对这一问题进行详尽阐述。

4 "一带一路"外宣报道语言政策的话语策略

    DALP 旨在阐述语篇背后的语言与认同、社会不平等、意识形态等之间的关系。近年来，从认知的视角对 CDA 进行研究已经逐渐成为热点之一。在具体研究路径方面，有 Van Dijk 的社会认知式研究，Chilton 的批评认知语言学研究，Hart 的进化心理学与认知语言学视角研究，Maillat & Oswald、De Saussure 的认知语用研究等。不管从什么视角研究 CDA 或 CLP，其最终在话语实践中，要落实到话语策略上来，可以说话语策略是实现 DALP 目标的方法和手段，不同的话语策略可以把隐含的认知机制包装起来。

    基于第三章对海外网丝路频道语料认知机制的分析，本章将梳理和探讨"一带一路"新闻语篇所使用的不同话语策略。在微观的批评认知语言学视域下，本研究认为话语策略分为宏观策略和微观策略。其中宏观话语策略是从批评认知的角度对语篇的认知基础进行宏观概括和理论梳理，从宏观上解释语篇的认知机制。微观话语策略，指在语篇生成过程中，语篇生成者为了达到其意识形态目的而采取的策略。

    Hart 和 Lukes（2007）在研究中发现了四种话语策略，分别是指称策略（referential strategies）、评价策略（evaluative strategies）、合法化策略（legitimizing strategies）和否定策略（denial strategies）（Hart & Lukes，

2007)。Hart（2010）从批评认知的视角分析了移民语篇的话语策略，归纳出四种话语策略，分别是指称策略（referential strategies）、述谓策略（prediction strategies）、接近策略（prox-imisation strategies）和合理策略（legitimizing strategies）。陈鹤三（2011）对 Hart 的分析进行了理论梳理，探讨了进化心理学对 CDA 的启示。张天伟（2016）介绍了进化心理学的理论，对中国南海领土问题新闻语篇报道进行了分析，但对具体的话语策略分析没有进行详解。

本章将在前人研究基础上进行拓展和延伸，从认知的角度出发，探讨 DALP 分析中的话语策略在"一带一路"新闻语篇的具体应用。主要以 Lawton（2001）的 DHA 分析框架为基础。第一步确定语言政策语篇的话题，即"一带一路"新闻语篇的报道主题，第三章中我们已经做了分类，包括对"一带一路"的阐释、相关活动或会议、各地区或个人在各个领域的实践、对策及建议以及其他。第二步确定合理化、框架等宏观话语策略。第三步确定子话语策略，如指称、述位、接近策略在"一带一路"新闻语篇中是如何再现意识形态意义的，体现语篇生成者的驱动目的。在每一种策略中，区分目标和手段。第四步确定话语策略在语篇中的实现方式，这个过程融入认知机制的解读，如隐喻、隐转喻、转喻、概念整合。第五步是依据上述策略结合认知机制，探讨宏观策略与微观策略的关系。

4.1　宏观策略

语言政策制定的主要学理基础是政策与权力的关系（Savski，2016）、政治意义如何通过话语空间来构建等。语言政策的制定既包括自上而下的行为，也涵盖自下而上的行为，但国家层面的语言政策主要是自上而下的，因语言政策的显性和隐性（Overt & Covert）、明确的和模糊的（Explicit & Implicit）、法定的和实际的（De Jure & De Facto）等类别之分（Johnson，2013），政策制定者的权力和意识形态会在政策文本中充分体现或隐现。下面将围绕"一带一路"新闻语篇相关报道，具体从权力关系和话语空间维度展开语言策略分析。

4.1.1　合理化策略

合理策略是一种驱动（coercion）中的宏观策略（Hart，2010）。驱动是一种重要的话语策略，驱动分为认知驱动和情感驱动两种类型（Chilton，2004）。当语篇理解者建立起由语篇生成者操控的认知联系时，便形成了认知驱动；当语篇理解者依据已形成的认知联系激发起社会责任感，并会引发决定和行动时，便发生了情感驱动。Hart 和 Lukes（2007）认为，合理策略是语篇生成者在话语实践中勇于表达命题的真实性，并提供理据（testimony）或证据论证（argumentation）的一种话语策略。语篇生成者可以通过话语让语篇理解者对人、物等形成某种具体的态度（Sperber，2001），语篇生成者由此在某种意义上控制了语篇理解者的认知过程和反应。为了达到这样的效果，语篇生成者必须努力让语篇理解者接受其话语为真实信息，使语篇理解者接纳语篇生成者有意形成的态度和行为（Hart，2010：90）。合理策略的提出与逻辑和修辞模块有关联。Sperber（2001）提出逻辑修辞模块时，认为该模块作为一种手段获得交际利益并减少付出，来抵制欺骗的风险；从这个角度来说，合理策略是一种评价、说服机制。逻辑修辞模块既可以避免（evade）话语策略，又可以操控（enable）话语策略（Hart，2010）。

在"一带一路"新闻语篇分析中，合理策略以一种论证形式而存在。语篇生成者通过合理策略的使用在语篇中可以勾勒出话语的背景知识以及说话人的身份等信息。合理策略通常以一种明确（eplict）的形式来加强（endorse）语篇的表达（Hart，2010），即通过具体的语言表达形式激发包括言语证据和信息发布渠道等信息。合理策略在语篇中主要通过两种方法实现，即语篇的内部连贯（internal）和外部连贯（external）。Hart（2010：91）认为合理策略的外部连贯主要通过传信性（evidentiality）和认识模态（epistemic modality）来实现，而内部连贯主要依靠衔接手段表达，与语言的语篇元功能有关，以下逐一进行探讨。

4.1.1.1 内部连贯

语篇内部连贯主要依据 Halliday & Hasan（1976）和 Fairclough（1989）等的研究，从语法层面对一些逻辑连接词进行分析。为了加强语篇连贯的效果，常见的逻辑连接词有表示"时间关系""因果关系""并列或递进关系""转折关系"和一些附加词等。在"一带一路"新闻语篇中，常常需要借助这样的内部连贯手段，加强语篇的连贯性和说服性，如以下示例。

例 51

重庆践行"三个作用"　担起"上游责任"　展现新作为　迈出新步伐

2021-05-28

2019 年 4 月，习近平总书记在重庆考察，希望重庆"努力在推进新时代西部大开发中发挥支撑作用、在推进共建'一带一路'中发挥带动作用、在推进长江经济带绿色发展中发挥示范作用"。

在重庆，西部陆海新通道助力西部大开发，货运班列沿铁轨南行，通江达海;果园港连起长江黄金水道与"丝绸之路",集散中欧班列(渝新欧)运载的来自欧洲的商品,筑起内陆开放新高地;广阳岛叫停违规开发,共抓大保护,不搞大开发,绿色发展活力显现。

一条路、一个港、一座岛,成为重庆践行"三个作用"的缩影。担起"上游责任",重庆从全局谋划一域、以一域服务全局,展现新作为,迈出新步伐。

分析:例中画线部分"努力在推进……中发挥示范作用",三句重复的句式用以强调重庆践行的"三个作用",而下文是对上文三个作用的具体阐述,保持了内容上的连贯性,逻辑上的一致性。"丝绸之路""新高地""广州岛"这三个部分又与下文中的"一条路、一个港、一座岛"形成内容上的连贯和衔接,照应下文中的"'三个作用'的缩影",展现重庆从全局出发谋划一域,一域服务全局,从而紧扣"展现新作为,迈出新步伐"这一新闻主题,在语篇中起到了加强语篇连贯的作用。

例52

观中国 | 在非洲,冲突、战乱、难民竟跟气候有关
2021-05-28

中国已与多个非洲国家签订应对气候变化的合作协议,为来自非洲国家的官员提供环保课程培训,为非洲国家援助太阳能光伏发电机等环保设备,发射遥感气候卫星,以及合作开展气候变化方面的研究。中非环境合作中心已于2020年年底启动,为中非双方加强应对气候变化的对话与合作搭建了新的平台。双方将依托中非环境合作中心开展"中非绿色使者计划"和"中非绿色创新计划",做实做深气候合作。

此外,中非双方也在共建绿色"一带一路"的过程中携手应对气候变化。中国在帮助非洲"一带一路"国家完善基础设施,推动其工

业化、信息化的同时，避免把高污染和高排放企业向非洲国家转移，将绿色发展理念融入双方的合作项目。例如，地处非洲之角的吉布提港是21世纪海上丝绸之路的重要起点，中方企业克服重重困难修建了一条采用清洁能源的电气化铁路，在完善吉布提港货物运输基础设施，拉动经济发展的同时，提高能效，降低了二氧化碳排放量。中国在肯尼亚建成的蒙内铁路充分考虑动物迁徙和保护生物多样性问题，共修建了9处大型生物通道，被外媒称赞为"连长颈鹿都感到满意的铁路"。

在应对全球气候变化的进程中，中非双方原则立场一致，合作内容丰富，前景广阔，<u>不仅</u>对中非双方有利，<u>而且</u>为建立绿色低碳、清洁美丽的人类命运共同体树立了典范。

分析：例中画线部分"以及""此外""同时""不仅……而且"分别是汉语连贯关系的逻辑连接词。语篇生成者通过逻辑连接词使中非双方在共建绿色"一带一路"的过程中携手应对气候变化这一举措更加连贯，语篇更具说服力。"此外"，这一表范围的副词，说明了中非双方在合作过程中所遇到的问题以及处理的方式，修建一条采用清洁能源的电气化铁路，用以降低二氧化碳排放量。同时利用"不仅……而且"这一转折连接词突出在应对全球气候变化过程中的两国立场一致性前提下，所获得的利益和达到的目的。以上连接词起到了加强语篇连贯的作用。

例 53

中葡"一带一路"合作新动能不断涌现
2021-05-27

中国驻葡萄牙大使赵本堂表示，面对新冠疫情冲击，"一带一路"国际合作展现出强大韧性和活力。<u>"一带一路"正成为团结应对全球挑战的合作之路、维护人类健康安全的健康之路、促进经济社会恢复的复</u>

苏之路和释放发展潜力的增长之路。

葡萄牙是连接"丝绸之路经济带"和"21世纪海上丝绸之路"的重要枢纽。在"一带一路"框架下，中葡务实合作成果丰硕。尽管遭受疫情冲击，两国在基础设施、能源等领域重要合作项目仍稳步推进，数字经济、医疗卫生等合作新动能不断涌现。葡萄牙辛内斯港CEO若泽·路易斯·卡舒表示，目前辛内斯港与宁波、上海和盐田港开通了直航货运航线，借助良好的中葡关系，期待与更多中国企业加深合作。

绿色是"一带一路"建设的底色。赵本堂表示，多年来，中方积极倡导并推动将绿色理念贯穿于"一带一路"建设，同各国携手打造"绿色丝绸之路"。中葡、中欧绿色发展理念高度契合，在应对气候变化领域长期保持密切合作，都致力于打造高质量的绿色低碳发展模式，在气候治理、绿色发展等方面合作拥有巨大潜力。

分析：例中画线部分"'一带一路'正成为……增长之路"，其中"合作之路""健康之路""增长之路"，句内的衔接连贯体现了"一带一路"对全球的贡献。下文下画线中"尽管遭受疫情冲击"，其中，语篇生成者通过让步副词"尽管"，凸显了现实环境的恶劣，疫情冲击，然而这样的一种环境并没有影响中葡两国在基础设施、能源领域的重要合作项目。语篇生成者借助负面环境与中葡实际合作进行对比，突出"一带一路"建设的底色——"绿色丝绸之路"。

例54

"一带一路"如何推进贸易畅通
2017-05-16

"软硬兼施"

促贸易畅通，"硬件"和"软件"缺一不可。

用世界贸易组织总干事阿泽维多的话说，能用手机购买和销售商品，还不意味着贸易畅通真正实现。

"我们还需要其他方面的东西。"阿泽维多表示，"硬件"层面，要有使货物运输畅通无阻的公路、铁路、港口等基础设施，"这正是'一带一路'倡议为什么非常重要且恰逢其时的原因"；还要实现数字互联互通，让目前全球接近半数还无法上网的民众也能顺利接入网络。至于"软件"层面，要有良好的监管环境，为商品流通提供便利条件。

德国经济和能源部长齐普里斯也认为，要推进贸易畅通，既需要港口、道路，也需要宽带、数字的互联互通，"这是我们现在急需的"。"一带一路"倡议为实现这两方面目标提供了良好契机，"德国企业非常愿意助一臂之力"。

分析：例中下画线部分"能用手机购买和销售商品，还不意味着贸易畅通真正实现"，其中"还"表示反预期义，话语生成者在期待某事态不再持续时用"还"表示持续的语用推理，表达话语生成者对客观持续的主观态度。下文中"还需要""还要""至于"话语生成者用来强调"软硬兼施"的具体层面。画线部分"要推进贸易畅通，既需要港口、道路，也需要宽带、数字的互联互通"，其中"要、既要、也需要"三个表示连贯关系的逻辑连接词，使推进贸易畅通这一目标更加具体。

例 55

新"丝路"承载新使命，再出发！

2021-05-26

新"丝路"带来新"希望"。当今，世界各国人民共同期盼的是安定美好的生活，这就需要各国之间打造基本的政治互信、多方面的经济融合、全方位的文化包容，以此来实现彼此之间的合作发展，共建和平发展的美好明天。新"丝路"恰恰是为沿线国家带来了交流沟通，当一列列中欧班列驶过，为沿途贫困地区带来了经济繁荣，也为相对封闭的社会带来了文化交流。新"希望"正在每一个伙伴国家中"抽丝发芽"，和谐、安宁、富裕的生活指日可待。

新"丝路"打造新"格局"。据了解，截至2020年11月，中国已经与138个国家、31个国际组织签署201份共建"一带一路"合作文件，这意味着和平发展的新常态正在"茁壮成长"。一个个点连成一条条线，一条条线织出一张张网，一列列中欧班列与西部陆海新通道班列"两翼齐飞"，"东出海""西挺进"的繁荣运输景象正在呈现，运送的是看得见摸得着的商品实体，承载的是贸易交往、思想碰撞、科技共享、文明互鉴。新"格局"正在悄然改变着这个世界，带动着各国市场潜力的开发，促进着各国之间的投资与消费，也增进着彼此之间的人文交流。

新"丝路"实现新"梦想"。新"丝路"正在推动着互联网与物联网的有机结合。中欧班列规模日益壮大，加速了"丝路电商"的成长。中国已与五大洲22个国家建立了双边电子商务合作机制，新的经贸合作渠道已经产生——跨境电商。在家点击鼠标下单，未来的中欧班列，让世界上每一个角落的我们，能够共享北国的深海鱼、南国的芒果干。新"梦想"正在迎来又一个黎明，中欧班列即将成为"带货王"，走进未来的每一个家庭，让梦想不再遥远，使美好触手可得。

继承古丝绸之路开放传统，新"丝路"再次迎来机遇与发展，一列列飞驰而过的中欧班列铺开了新"丝路"，架起了一个更大的"朋友圈"，更打开了新的"筑梦空间"。更多希冀、更多期待，属于命运共同体的明天，将更蓝、更广阔、更扎实地走进每一个心间！

分析：例中画线部分，新"丝路"、新"希望"、"抽丝发芽"、新

"格局"、新"梦想"、"筑梦空间",语篇生成者通过词汇衔接,构成语义上的连贯,使"新丝路"承载"新使命"这一主题更加明确突出。

4.1.1.2 外部连贯

语篇中的外部连贯是通过认识情态和传信性实现的(Hart,2010:94)。认识情态(epistemic modality)和传信性(evidentiality)都在语篇外部操作,都属于语篇外部连贯手段,具有人际元功能(interpersonal metafunction)的属性。但是两者又有着明显的区别。认识情态更多关注的是语篇生成者所持的立场、态度和观点。而传信性关注的是语篇生成者在语篇中所断言的出处和信息来源。认识情态比传信性更具有主观性,是语篇生成者对话语事件命题真值的确信程度和判断。和认识情态相比,传信性更客观地强调信息的来源以及推理论证的过程。

4.1.1.2.1 认识情态

沈家煊(2000)认为认识情态为构建分析语言中情态动词和有关结构提供理论框架;认知情态关心的是这样一些陈述句的逻辑结构,它们断定或蕴含相关命题是已知的或信念中的(冯军伟,2012)。Hart(2010)认为认识情态是一个程度的问题,命题真值的判断处于一个认识维度(epistemic scale),可以根据一个体现三种程度的认识维度来理解,即"certainly"(肯定、确定)、"probably"(几乎肯定,很可能)和"possibily"(可能),如图6所示。

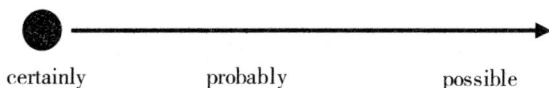

certainly   probably   possible

图 6 Epistemic scale(认识维度)(Hart,2010)

Hart（2010）认为，认识情态关心的是语篇生成者在表达观点时，如何在认识维度上靠近指示中心。我们可以清晰地从图6中的三个点看出语篇生成者对命题真值主观评估的层级，分别用"certainly"（肯定、确定）、"probably"（几乎肯定，很可能）和"possibily"（可能）三个情态术语表达不同的认识维度。但这不意味着语篇生成者只能依据这三种程度来进行命题，在语篇中，认识情态可以通过情态动词、情态话语标记等手段实现。中文中的能愿动词类似于英文中的情态动词，能愿动词也叫助动词，表示可能、必要、必然、愿意、估价等意义的动词。在"一带一路"新闻语篇分析中，我们试图梳理出认识情态的实现途径。

能愿动词是语篇实现外部连贯的重要手段，在"一带一路"新闻语篇分析中，运用能愿动词表达认识情态的现象非常多见，如以下示例。

例 56

金山探路——践行习近平新时代中国特色社会主义经济思想调研记
2021-05-24

"推动经济高质量发展，<u>既要</u>深刻认识贯彻新发展理念、构建新发展格局对推动地方高质量发展的原则要求，<u>又要</u>准确把握本地区在服务和融入新发展格局中的比较优势，走出一条符合本地实际的高质量发展之路。"

习近平总书记指出，改革系统集成有的<u>需要</u>从中央层面加大统的力度、集中力量整体推进，有的<u>需要</u>从地方基层率先突破、率先成势，<u>根据</u>实际情况来推动。

金山人对习近平总书记的"率先突破""率先成势"是有深刻体悟的。

1972年，当今上海石化的前身——上海石油化工总厂建成时，全国每10件"的确良"衣服，就有9件布料来自金山。

分析： 例句中画线部分"既要""又要""需要"是表示情态的动词短语。根据 Hart（2010）提出的命题真值判断所处的认识维度，语篇生成者对命题真值判断的主观评估是通过认识情态的等级实现的。例中"既要""又要""需要"是一种强认识情态，即推动经济高质量发展的具体实施方案，"必须"认识发展理念和原则要求，以及把握自身优势，实现高质量发展。"根据"代表弱认识情态，即按照实际情况推进工作。

综上所述，认识情态是语篇生成者对命题真值的一种评估机制，具有一定的主观性，反映出语篇生成者的主观意识形态。语篇生成者对命题真值与否的主观判断处于一个认识维度（epistemic scale）中。在具体的语篇分析中，认识情态可以通过情态动词和认识情态标记的使用来实现，但认识情态并非与现实世界的事件和场景直接对接，而是语篇生成者对话语中呈现的事件和场景的一种态度，是其主观世界的一种判断。就像 Werth 认为的那样，认识情态是语篇参与者与真实事件和场景之间的一种互动层级（category of interaction），这种互动存在于语篇和语篇生成者所断言的话语之间。从这个意义来说，认识情态起到了建构说话人（speaker）与语篇（text）之间的关系的作用（Werth，1999：176）。这也解释了为什么在系统功能语法中认识情态应该属于人际元功能范畴，与概念元功能和语篇元功能相区别（Halliday，2002：200；转引自 Hart，2010）。

4.1.1.2.2 传信性

传信性（evidentiality）是语篇中外部连贯的另一种手段。传信性涉及语篇生成者指出他们断言的来源，为其断言的真实性提供言语证据（Hart，2010）。在言语证据的类型方面，根据 Willett（1988）的研究，Hart（2010）指出言语证据分直接证据和间接证据两种类型。其中直接证据包括真实的证明和感官证据，如视觉、听觉等其他感觉证据；间接证据包括报告（reported）和推断（inferring），报告包括第二手资料、第三手信息和民俗传说，推断包括结果和推理（Hart, 2010）。

传信性一般是通过新闻来源的可靠程度来判定的，例如：信息来源是否属于传闻，引用、发布机构的权威程度、信息渠道或信息推断渠道是否客观，是经验还是真实报道等。Werth（1999）运用模型解释了传信情态，或者说证据性情态在认识维度上的对应关系，如图7所示。

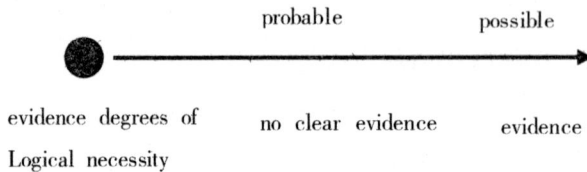

図7 Evidentiality on the epistemic scale（证据性情态的认识维度）（Werth）

同样，Hart（2010）认为当语篇生成者对认识情态的评估机制建立在言语证据或消息来源的可靠性时，也需要细分等级来细化认识维度。Werth（1999：135）对言语证据和消息来源的可靠性认识维度归纳出模型，运用模型解释了信息来源的可靠性在认识维度上的体现，如图8所示。

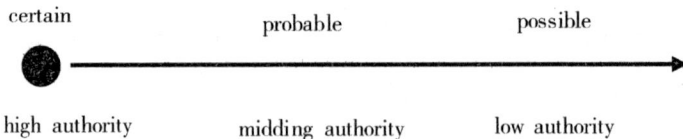

図8 Levels of authority on the epistemic scale
（言语证据和消息来源的可靠性认识维度）（Werth, 1999：135）

依据以上模型中传信性等级的递进关系，我们对"一带一路"新闻语篇中消息来源的传信性进行了考察。

例57

"中国是区域合作和多边主义的强大推动者"——国际社会积极评价
习近平主席在亚太经合组织领导人非正式会议上的重要讲话

2021-07-18

"带动亚太乃至世界经济发展的火车头"

"我们要拆墙而不要筑墙，要开放而不要隔绝，要融合而不要脱钩，引导经济全球化朝着更加开放、包容、普惠、平衡、共赢的方向发展。"习近平主席准确把握亚太和世界经济"症结"所在，提出了推动经济复苏的一揽子中国方案。

霍尔克拉对习近平主席提出的"深化区域经济一体化"主张十分赞同。他表示，亚太经合组织是世界上最重要的经济合作组织之一，其成员经济总量占全球经济总量的一半以上，必须通过保持市场开放而不是自我封闭来实现经济繁荣。在他看来，中国对于推动贸易自由化便利化和全球生产链供应链稳定，发挥着重要的作用。

习近平主席提出"把握科技创新机遇"让阿基诺印象深刻。他认为，互联网、人工智能、大数据、5G等高新技术的广泛应用，为中国经济转型提供了有力支持，"在技术创新和应用领域，中国值得世界学习"。他表示，中国是许多拉美国家的主要贸易伙伴，中国经济持续稳定增长，是世界经济复苏发展的中坚力量。他期待后疫情时代中拉合作继续全面推进。

分析：例中下画线部分"习近平主席……提出了""霍尔克拉……他表示"表示消息的来源。语篇生成者利用言语证据不同类型，表达了信息来源的可信程度。画线的六个部分均属于直接证据，权威消息来源，可信度较强。语篇生成者通过不同的消息来源的可信度，使传信情态的意义得以表达，并引导语篇理解者判断命题的真值。

例58

波黑主席团成员扎费维罗奇接种中国新冠疫苗

2021-07-18

据波黑联邦通讯社消息，波黑主席团（集体元首）波什尼亚克族成员扎费罗维奇16日接种了中国国药集团生产的新冠疫苗。

报道说，当天扎费罗维奇在泽尼察市阿雷纳体育馆与市民一起排队接种了疫苗。扎费罗维奇在接种后对媒体说："我响应主管卫生机构的号召，上午接种了中国国药集团生产的新冠疫苗。"

2020年9月10日，中国驻波黑大使季平拜会时任主席团轮值主席扎费罗维奇时，扎费罗维奇感谢中方为波黑抗疫提供大力支持。他表示，波黑视中国为真诚伙伴，愿继续积极参与"一带一路"倡议和中国—中东欧国家合作，不断努力推动双方基建、能源等领域合作项目尽早落地，造福两国人民。

分析：画线部分"据波黑联邦通讯社消息""报道说""扎费罗维奇在接种后对媒体说""他表示"，体现了话语策略中的传信性，前两者属于言语证据中的间接证据，即从结果推理出非直接的证据。依据Werth（1999：134）提出的传信性认识维度模型，在言语证据的传信性方面属于低一级，需要通过非直接的方式进行验证。所谓低级与高级之分，就是指传信的可靠性和把握性的程度，从完全有把握（certain）到部分有把握（probable），再到没把握（possible）的过程。

作为合理策略实现的重要手段之一，传信性在新闻媒体中非常多见。因为在新闻语篇中，语篇生成者所断言的真实性除了来自直接言语证据和间接言语证据以外，另一个来源是知识（knowledge）。Bednarek

（2006a）在英国报纸报道的语料研究中归纳出四种用作言语证据的知识类型，即感知（perception）、证明（proof）、显著性（obviousness）和常识（general knowledge）。其中，感知提供直接的感官证据，常识往往存在于间接报道民俗中，而证明和显著性需要从结果和推理中得出间接证据。此后，Bednarek（2006b）进一步提出应该对新闻语篇的言语证据的知识来源进行标识，通过对言语证据提供来源标签（source-tagging）来识别知识来源的属性（attribution）。来源标签具体分为两种，一种是道听途说的传闻（herasay），另一种是某人已有的感知、感受、知识和思想（mindsay），如图 9 所示。

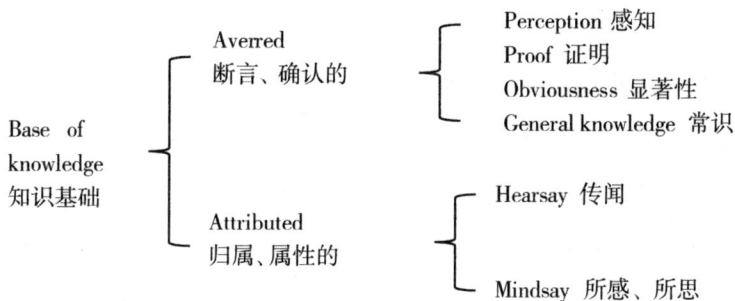

Base of knowledge 知识基础
- Averred 断言、确认的
  - Perception 感知
  - Proof 证明
  - Obviousness 显著性
  - General knowledge 常识
- Attributed 归属、属性的
  - Hearsay 传闻
  - Mindsay 所感、所思

图 9 Bases of knowledge as evidence in news discourse
（新闻语篇中的言语证据知识来源）（Bednarek，2006b）

来源标签对分析新闻语篇非常有益，特别是语篇理解者对新闻语篇的认知过程有帮助。因为有时在语篇理解者不能对新闻所断言进行真值判断时，至少可以根据来源标签判断言语证据的知识来源。在"一带一路"新闻语篇的分析中，我们考察了语料中言语证据来源的知识类型。

例 59

后疫情时代，中欧班列如何行稳致远？

2021-07-17

与此同时，70 多条中欧班列线路背后的是各地方运营平台，仍存在进一步统筹整合的空间。

"可以先适度集中资源，将部分班列运营平台做大做强，多出精品线路、稳定线路。"郑州国际陆港公司常务副总经理杨文俊建议，比如对于在班列高质量开行、市场化程度、创新能力等方面比较突出的中欧班列运营城市，在技术、金融等方面予以重点支持。

另外，在业内人士看来，中欧班列还应进一步提高服务质量、降低运营成本，提升在国际物流市场的品牌竞争力和影响力。

其中，提高服务质量主要包括提供集货、装车、沿途追踪、清关、配送等系统性服务，逐渐从"站到站"向"门到门"发展；降低运营成本方面，各运营平台可抱团提升对沿线国家铁路企业议价能力，进一步降低铁路运价。另外，从期货、短途运输、搬运、仓储、分拨等各环节全链条降低运营成本。

分析：根据 Bednarek（2006b）在言语证据类型的研究基础上提出的来源标签（source-tagging），例中下画线部分"郑州国际陆港公司常务副总经理杨文俊建议"引用个人直接言语证据，但仅从字面无法判断言语证据是否建立在别人的传闻（hearsay）基础上。在言语证据的可信度方面，"在业内人士看来"带有专家知识的色彩，可信度相对较高。

例60

南繁"淡季" 多家育种科研机构相继落户三亚

2021-07-17

在17日举办的揭牌仪式上，<u>中国科学院院士、海南大学校长骆清铭介绍</u>，三亚南繁院由海南大学携手三亚市共建，旨在构建产学研联盟创新体系，搭建南繁育种技术标准支撑平台，为"南繁硅谷"育种专家提供更加便捷高效的服务。目前已投入使用南繁种业科技众创中心、科研试验基地，并在三沙建立设施蔬菜栽培基地、在印度尼西亚建立设施甜瓜示范基地。

<u>据了解</u>，组建三亚南繁院的科研力量，目前已在热带特色作物品种创新、热带作物重要病虫害灾变防控、热带作物保鲜加工等方面取得了一系列标志性成果，相关成果辐射到越南和乌兹别克斯坦等"一带一路"沿线国家。在热带作物遗传育种和病虫害防治、天然橡胶栽培与加工、代谢生物学、木薯基因组学等研究领域形成国际领先优势。

分析：例中画线部分"中国科学院院士、海南大学校长骆清铭介绍""据了解"，语篇生成者分别描述了三亚南繁院科研机构建设的言语证据信息来源。属于模糊的信息来源，依据Werth（1999：134）提出的传信性认识维度模型，在言语证据的传信性方面可信性不高，需要通过非直接的方式进行验证。

Hart（2011）对Bednarek的上述分类进行了增补，添加了两类知识类型，即专家知识（expert knowledge）和认识承诺（epistemic commitment）。其中，专家知识指语篇生成者假想听话人会考虑到权威观点，认识承诺指呈现说话人对断言真实性的信仰。感知（perception）、证明（proof）、显著性（obviousness）、常识（general knowledge）、专家知识（expert knowledge）和认识承诺（epistemic commitment）是一个从客观到主观可信度逐渐减弱的渐进过程（Hart，2011，转引自张天伟，2016）。在"一带一路"语篇中，言语证据来源也常常出现专家知识这一类型，如例61—例66所示。

例61

为团结抗疫、推动世界经济复苏注入强大信心和动力

2021-07-17

新华社北京7月16日电 综合新华社驻外记者报道：国家主席习近平16日晚应邀在北京以视频方式出席亚太经合组织领导人非正式会议并发表讲话。多国人士认为，在疫情防控形势严峻、世界经济脆弱复苏的当下，习近平主席的讲话为地区和全球团结抗疫、推动世界经济复苏注入强大信心和动力。

巴西中国问题研究中心主任、经济学家罗尼·林斯表示，习近平主席的讲话为国际社会合作抗疫、推动经济复苏提供了可行方案，意义重大。他说，短期内新冠疫情对世界经济的负面影响难以消除，只有弘扬多边主义，才能更好推动全球经济快速复苏。中国提出的"一带一路"倡议有助于增进沿线国家之间的合作，我坚信这是加强国际合作的正确方法。

分析：例中画线部分"新华社北京7月16日电""综合新华社驻外记者报道""多国人士认为""习近平主席的讲话""巴西中国问题研究中心主任、经济学家罗尼·林斯表示"是语篇生成者用于描述该新闻言语证据的消息来源。F. R. Palmer（2001）认为传信情态分为两类，报道型情态（report modality）和感知型情态（sensory modality）（转引自冯军伟，2012）。报道型情态包括报告（report）、推断（inferring）。

报告包括传闻（hearsay）和民俗传说（folklore），推断包括结果（result）和推理（reasoning）（Hart，2010）。在言语证据的可信度方面"新华社北京7月16日电""综合新华社驻外记者报道"属于间接言语证据，但发布机构较为权威，因此传信性等级较高，言语证据可信度相对较高。"多国人士认为"从言语证据来源标签的角度来说，属于报道中的传闻（hearsay）属性，消息可信度相对较低。"习近平主席的讲话"属于间接言语证据，"巴西中国问题……表示"是引用个人直接言语证据，言语证据可信度较高，带有专家知识色彩。

例62

经济日报：让团结合作的阳光驱散阴霾

2021-07-17

国家主席习近平7月16日晚应邀在北京以视频方式出席亚太经合组织领导人非正式会议并发表讲话。作为亚太经合组织成立以来首次在领导人层面举行的特别会议，反映出亚太各国走出新冠疫情大流行和经济危机的共同愿望。在当前疫情反弹、国际抗疫合作进入新阶段的关键时刻，亚太各国凝聚合作共识，共谋发展大计，对于构筑防疫之墙、保护人民健康、加速经济复苏具有重要意义。

习近平主席在讲话中指出，早日战胜疫情，恢复经济增长，推动世界经济复苏，是亚太各成员当前最重要的任务。眼下，新冠疫情仍在全球肆虐，新冠病毒的狡猾程度超出预料，人类科学研究与毒株变异迭代展开赛跑，新冠疫苗接种极不均衡，局部地区疫情起伏反复。全球经济复苏之路崎岖坎坷，各经济体疫情应对压力、经济复苏进度以及政策区间并不一致，周期错配带来新型经济挑战，考验各国政策制定者的定力与经济调控能力。此外，气候变化、恐怖主义、网络安全等传统与非传统安全问题频出。

　　分析：例中画线部分"国家主席习近平7月16日晚应邀在北京以视频方式出席亚太经合组织领导人非正式会议并发表讲话""亚太各国凝聚合作共识""习近平主席在讲话中指出"运用了传信性的表达，习近平主席的讲话属于间接言语证据，而"亚太各国达成的合作共识"因为没有具体说明哪些国家以及达成怎样的共识，所以言语证据来源的可信度较弱。

例 63

澳门经济适度多元发展前景光明——专访全国港澳研究会副会长郭万达

2021-07-17

　　"十四五"规划和2035年远景目标纲要提出，支持澳门发展中医药研发制造、特色金融、高新技术和会展商贸等产业，促进经济适度多元发展。全国港澳研究会副会长、中国（深圳）综合开发研究院常务副院长郭万达认为，此举为解决澳门特区产业结构单一、经济韧性不足问题指明方向，有利于澳门特区在服务国家战略中谋划实现新一轮发展。

　　分析：例中"'十四五'规划和2035年远景目标纲要提出""全国港澳研究会副会长、中国（深圳）综合开发研究院常务副院长郭万达认为"运用了传信性表达，语篇生成者采用合理策略中的传信性手段，借助纲要引导读者对澳门经济的适度发展的认知。从言语证据的类型来说，有些证据来源是官方发布，具有权威性；有些是个人行为，具有主观性。但是从话语策略的角度来说，无论是权威信息还是个人发布的信息，都起到了引导语篇理解者进行认识承诺的目的，可信度从客观到主观递增。但两者相比，权威信息更有说服力和可行度，也是在"一带

110

一路"语篇中出现频率较多的原因之一。

例 64

京津冀 2021 年首趟援疆旅游专列启程

2021-07-17

本报讯（记者 孙宏阳 通讯员 李溢春 李睿）7 月 16 日 15 时 18 分，满载 450 余名旅客的 Y201 次列车从北京西站鸣笛始发，这也是 2021 年京津冀首趟"京和号"旅游专列。记者从中国铁路北京局集团有限公司获悉，此趟旅游专列全程为期 16 天，行程涵盖吐鲁番、和田、喀什、库尔勒、阿克苏、敦煌、张掖等地名胜景区和著名景点。

据介绍，列车选用新改造四人空调包厢，实现了一线多游、车随人走、景随车移、安全舒适，既避免了传统旅游出行旅途节奏紧张和舟车劳顿之苦，全程更有优秀导游、医疗保健人员随行，尤其适合中老年旅客出游。

适逢中国共产党成立 100 周年华诞，此次旅游专列取名"共产党员号"，以进一步强化党组织和党员服务旅客为民办实事的使命担当和责任意识。列车上成立了临时党支部，布置开辟了党建活动车厢，抽调共产党员、入党积极分子全程陪同担当服务，通过设置党员责任岗和责任区以及开展"永远跟党走 奋进新征程"主题党日活动，邀请党员游客唱红歌、重温入党誓词、参与党建知识答题等丰富多彩的活动。

据了解，今年是"京和号"援疆旅游专列正式开行的第六年。六年来，该旅游专列已经成为北京与新疆两地人民增进相互了解，提升民族团结的纽带，成为路地携手援疆项目的金字品牌，被誉为"边疆与首都心连心的彩虹桥"。目前，该专列已经连续成功开行 17 趟，共计有 8000 余名旅客通过此趟列车实现了畅游大美新疆、增进民族团结、促进新疆旅游产业、脱贫奔小康和助力"一带一路"的美好夙愿和梦想。

分析：例中下画线部分"本报讯""记者从中国铁路北京局集团有限公司获悉""据介绍""据了解"是四个表示消息来源的短语。语篇生成者运用言语证据不同类型，表达了信息来源的可信程度。其中"据介绍""据了解"属于非直接证据，信息来源模糊，可信度较低，需要在非直接的转述性话语中去印证。"记者从中国铁路北京局集团有限公司获悉"引用直接言语证据，比较非直接证据，可信度相对高一些。

例 65

英媒：中国"四大行"为"一带一路"筹集千亿资金

2017-08-23

英国路透社 22 日援引知情人士的消息报道称，中国"四大行"正在为"一带一路"项目筹集千亿资金。

报道称，据匿名知情人士透露的消息，中国建设银行正在为某只基金筹资至少 1000 亿元人民币，以支持"一带一路"投资。另一家国有大行中国银行计划为另一只类似基金募资约 200 亿元人民币。

报道称，中国工商银行和中国农业银行也在考虑类似的融资计划。

路透社称，"四大行"通过私募股权或其他投资平台筹措资金，属于中国央行发起的广泛行动的一部分，旨在利用境内人民币资金对"一带一路"等海外项目进行投资。

分析：例中画线部分"英国路透社 22 日援引知情人士的消息报道称""报道称""路透社称"均来源于英国路透社，依据 Bednarek（2006b）提出的言语证据的来源标签，上例属于"证明"（proof）类，表示从结果推理出非直接的证据，可信度相对较高。

例 66

在更高起点、更大范围、更深层次上推进合作

2021-07-16

7 月 16 日是《中俄睦邻友好合作条约》签署 20 周年纪念日。过去 20 年，在《中俄睦邻友好合作条约》指引下，中俄关系经受住各种风险挑战，不断迈上历史新高。习近平主席不久前在北京同俄罗斯总统普京举行视频会晤，双方发表联合声明，正式决定《中俄睦邻友好合作条约》延期。此举有力彰显了《中俄睦邻友好合作条约》确立的中俄世代友好理念，凸显中俄关系的新时代属性，向国际社会展示了双方致力于深化战略协作和互利合作的信心和决心。

分析：例中画线部分"在《中俄睦邻友好合作条约》指引下""双方发表联合声明"，依据 Bednarek（2006a）划分的四种言语证据知识类型，前者属于"证明"（proof）类，表示从结果推理出非直接的证据；后者"双方发表联合声明"指中俄双方，属于权威消息来源。引导语篇理解者判断命题的真值。

4.1.2 框架策略

在宏观话语策略中还有框架策略。框架策略是 Hart 在 Fillmore 框架语义学基础上提出来的。从批评的角度看，语篇框架中任何一个要素被引入，都会激活框架中的剩余部分（Filmore，1982：111）。在框架策略中，语篇生成者能够将凸显的知识概念化，特定的知识领域可激活，进而形成一种推理模式（Hart，2014b：174）。Hart 认为框架策略包括两个基本内容，一是范畴化，二是隐喻化。我们将框架理论图示化为图 10。图 10 中，在认知域的整体框架中，凸显点作为焦点被概念化，从而激活整个认知域框架。诚然，框架理论的基本内容也是不断发展的，

除了范畴化和隐喻化外，其他内容也会逐渐充实填补。

图 10　框架理论

在此理论基础上，本研究在分析"一带一路"新闻语篇中，发现框架策略包括以下两个基本内容：范畴化和概念化。范畴化是认知语言学研究的重要内容，如经典理论和原型理论对范畴化的研究等，包括范畴的定义、性质、遵循原则、对事物进行分类、比较和概念化的过程等。而概念化指语篇中意义产生的动态认知过程；依据本书第三章的研究，概念化又可以体现在隐喻化、转喻化、隐转喻和概念整合四个识解工具。以下分别对框架策略中的范畴化和概念化进行识解。

4.1.2.1　范畴化识解阐释

范畴化作为一种手段可以引导语篇理解者对语篇陈述对象的认同，语篇生成者可以将自己的主观意愿通过范畴化分类传递给语篇理解者，以达到语篇目的。

例 67

"一带一路"带热东欧旅游

2017-06-05

同程旅游日前发布《中国游客赴欧游分析报告》显示，在今年1月至5月，欧洲旅游相关产品的网络关注度同比增长了52.37%，增幅领先于其他传统热门出境目的地。其中，受"一带一路"等政策利好拉动，5月以来东欧旅游有明显增长，出游人数在整体赴欧游人数中的份额上升了6.5个百分点。

分析：例中语篇生成者运用范畴化将"同程旅游"作为言语证据的消息来源，引导语篇理解者按照语篇生成者的意图，理解语篇的意识形态。

4.1.2.2 概念化识解阐释

框架策略可以运用概念化的识解方式进行解读。本书认为概念化可以体现在概念转喻、概念隐喻和概念整合等方面。概念化的意识形态功能表现为，可以在对社会参与者（social actors）范畴化的过程中，予以清晰地辨别（Van Leewen，1996；转引自Hart，2014b：174）。

首先，概念转喻作为一种重要的识解工具，对语篇认知机制的解读有着重要的作用。转喻被看作理想化认知模型（Idealized Cognitive Model，ICM）中的一种形式（Lakoff，1987）。转喻基于邻近性，转喻的发生取决于事物之间是否产生具有邻近性的相互替代关系。语篇中概念转喻的使用可以更简洁、更委婉地揭示出语篇背后的隐性话语。

例68

云南昆明晋宁六街：小荚豆撬动大市场

2021-04-08

作为只有13000多人的云南昆明晋宁区农业镇六街，据不完全统计，小荚豆日均交易额达180万元，最多时能达到上千万元，年交易额达2.2亿元左右，不管是交易量、交易额还是人流量，连续9年居云南省第一，已然发展成为全西南最大的荚豆交易市场。

分析：例中标题画线部分"小荚豆撬动大市场"，"荚豆"和"市场"是两个不同的认知域，属于转喻关系。在"荚豆"的认知域中，其特征是"荚豆的种植和产量"；在"市场"的认知域中，其特征是"荚豆交易市场"。该转喻属于"范畴与其特征之间的关系"（a category for characteristic）的类型，即"荚豆的种植和产量"影响了"荚豆交易市场"。语篇生成者将凸显的"荚豆"和"市场"概念化，激活不凸显的特征"荚豆的种植和产量"和"荚豆交易市场"，使语篇理解者能够更清晰和准确地了解语篇生成者的意图，进而形成一种推理模式。因此，概念转喻的视角可以对语篇概念化的过程进行解读，解释语篇的隐性内容。即强化"小荚豆"给"交易市场"带来的丰厚收益。

例 69

"北京种子"播撒在"一带一路"上

2017-05-25

古代的"丝绸之路"曾经为中国带来了茄子、扁豆、胡椒等丰富的农作物。如今，沿着"一带一路"，不少优秀的中国自育农作物品种正在向世界输出。近日，记者从北京市农林科学院了解到，由该院研发的杂交小麦、"京科糯2000"等优秀的农作物品种，已在巴基斯坦、越南、孟加拉国、斯里兰卡等国推广种植，有的已成为当地主导产品。

在土地贫瘠、沙化严重的巴基斯坦，杂交小麦的引入受到当地农场主、种植户的广泛欢迎。"它的特点是高产、抗旱、耐贫瘠、适应性广。"北京市农林科学院杂交小麦研究中心主任赵昌平介绍。杂交小麦和巴基斯坦当地传统种植的小麦品种相比，平均可以增产30%，并且灌溉量可减少一半。

分析：例中标题部分"'北京种子'播撒在'一带一路'上"，其中"种子"和"路"是两个不同的认知域，属于转喻关系。在"北京种子"认知域中，其特征是"中国自育农作物品种"；在"一带一路"的认知域中，其特征是"巴基斯坦、越南、孟加拉国、斯里兰卡等国"。该转喻属于"范畴与其特征之间关系"（a category for characteristic）的类型，即"中国自育农作物品种"向巴基斯坦、越南、孟加拉国、斯里兰卡等国推广种植。语篇生成者将凸显的"北京种子"和"一带一路"概念化，激活不凸显的特征，使语篇理解者能够更清晰和准确地了解语篇生成者的基本意图，进而形成一种推理模式。因此，概念转喻的视角可以对语篇概念化的过程进行解读，揭示语篇的隐性内容和意识形态意义。

其次，概念隐喻是 CLA 中另一种重要的识解工具，语篇中隐喻的使用可以使抽象化的概念转为形象化的、可理解性强的事物或概念，使语篇理解者对语篇更容易感知和理解，进而更清楚地理解语篇中隐含的意识形态意义。

例 70

闪耀"一带一路"的中国品牌

2017-05-10

手机、无人机、电商 中国智造全球"点赞"

4月24日，南美最大城市圣保罗引进中国无人机助力当地提升城市安全。

曾由苹果、三星等国外企业"独领风骚"的全球手机通信领域，正涌现出一大波抢占市场的中国品牌。

小米产品已进入20多个国家，越来越多的人开始知道中国品牌小米，使用小米产品，成为"米粉"（对小米科技公司产品忠实拥趸的网络热称）。

在非洲，农村的广大地区还没有通上电，超长待机的华为手机成了当地人民的最爱。一个手机可以当电话、闹钟、手电、计算器、相机。目前，华为已成全球第三大智能手机供应商。今年第一季度，华为的智能手机出货量达 3400 万部，比 2016 年第一季度上涨 22%。

除了手机，中国企业生产的"无人机"也飞入了海外市场。巴西圣保罗市政府已正式宣布引进中国大华高端无人机以及车载、便携式移动监控系统，以加强警方处置紧急情况的能力。这是中国品牌高端无人机首次进入巴西政府行业市场，也标志着中国无人机在进军拉美市场过程中又迈出重要一步。

事实上，在一些高新技术领域，中国企业已从"跟跑者"向"并跑者"甚至"领跑者"转变，一系列"中国智造"正逐步走进"一带一路"沿线国家民众的日常生活。

分析：例中画线部分"手机、无人机、电商 中国智造全球'点赞'"，其中手机、无人机属于电子智能产品，电商属于网络经营，所以话语生成者用"智造"激活和电子智能有关的一切商品和营业行为。画线部分"米粉"隐喻对小米科技公司产品忠实拥趸的网络热称。画线部分"'无人机'也飞入了海外市场"，这里的"无人机"产品引进海外市场被概念化为其飞入海外市场。语篇理解者可以通过源域"飞入了海外市场"，去理解目标域"引入无人机产品"。语篇生成者通过实体性隐喻的表达，描述了中国品牌进入拉美市场的可能性，使新闻文体表达更形象和生动，能够让语篇理解者更好地理解隐喻的意识形态，进而解读整个语篇的隐性内容，即中国品牌高端无人机首次进入巴西政府行业市场是中国无人机再进军拉美市场的标志。最后一个画线部分，"在一些高新技术领域，中国企业已从'跟跑者'向'并跑者'甚至

'领跑者'转变",三个跑,隐喻中国品牌在高新技术领域的转变过程,中国企业正在走进"一带一路"沿线国家民众的日常生活。

再次,概念整合是基于心理空间理论发展起来的又一个 CLA 的识解工具。概念整合将数个不同的概念或认知域加工成一个新的概念或认知域。语篇中概念整合的使用,语篇理解者可以更形象化地感知和理解两个映射域之间的关系,进而理解语篇中的隐性话语。以下承接上篇新闻。

"中国智造"得到认可也为跨境电商带来了巨大的机遇。数据显示,2016 年,以跨境电商形式进行的进出口交易达到 6.3 万亿元,2017年有望突破 7 万亿元,2018 年可能达到 8.8 万亿元。除了欧美等传统"海淘"热门市场外,"一带一路"沿线国家和地区的商品逐渐成为热捧对象。

《网上丝绸之路大数据报告》显示,阿里巴巴旗下全球速卖通平台用户覆盖全球 220 多个国家和地区,海外买家累计超过 1 亿人。其中,"一带一路"国家和地区消费者占比 45.4%。中国企业生产的手机和零配件等商品深受海外消费者青睐。

汉语成了"铁饭碗"　中国文化全球"圈粉"

在哈萨克斯坦,全国总人口 1700 万,到中国留学学习汉语的就有1 万多人。在俄罗斯,很多家长认为,学好汉语等于有了"铁饭碗"。在印度尼西亚、泰国、马来西亚、新加坡等东南亚国家,很多人从事和汉语相关的工作……

随着中国与"一带一路"沿线各国合作的深入,"汉语热"成为一种鲜明可感的亲近。各国人民会主动用中文说"你好",以示对中国人民的友好。

与"汉语热"相伴的是中国影视作品的"走出去"。在"一带一路"倡议带动下，中国影视作品已成为中国文化的一张名片。

在刚刚过去的4月，来自哈萨克斯坦的青年歌手迪玛希在《歌手》舞台上，以黑马之势挺进决赛。4月15日晚，哈萨克斯坦第二大电视台——哈巴尔电视台更是与湖南卫视同步直播《歌手》总决赛。哈萨克斯坦网友表示："中国音乐充满魅力，是迪玛希让我们连接上了中国的艺术。"

2016年9月，《全家福》和《神医喜来乐传奇》进入中亚市场，通过哈萨克斯坦国家电视台31卫星频道播出，覆盖中亚、东欧等地；《一克拉的梦想》《婆婆来了》和动画片《渴望蓝天》《乒乓旋风》等一系列作品也将出口覆盖欧美、亚洲和非洲18个国家和地区……

曾为电影《捉妖记》配音的哈皮尼斯是中国影视剧的"铁粉"。"我很喜欢中国电视剧中相对含蓄的情感表达。"她说，这是中国人对自己文化的坚守，很高兴把中国的文化传递到坦桑尼亚，传递到非洲其他国家。

随着"一带一路"倡议的推进，中国品牌走出去的步伐正不断加快。在"一带一路"建设过程中，中国品牌正在用品质、实力、诚信闪耀世界舞台。

分析：例中画线部分"海淘""汉语成了'铁饭碗'中国文化全球'圈粉'""与'汉语热'相伴的是中国影视作品的'走出去'""中国影视剧的'铁粉'"均可用隐喻理论进行识解，以学好汉语等于有了"铁饭碗"为例，其中学好汉语是一个输入空间，"铁饭碗"是另外一个输入空间，两者之间的共性是"非常稳固的职业，永远不会失业的工作"。这种共性属性构成了一个整合空间。"铁饭碗"所映射的结果即"在印度尼西亚、泰国、马来西亚、新加坡等东南亚国家，很多人从事和汉语相关的工作"。这种概念整合的表达能够让语篇理解者更好地去理解概念化的含义，进而理解和解读这个语篇的隐性话语。

综上所述，框架策略在语篇中的作用是宏观理论层面的，框架策略的认知基础主要体现在范畴化和概念化。框架策略的本质是通过使语篇理解者对语篇表达中最凸显的部分进行概念化，从而激活对整体语篇的理解，最终使语篇理解者按照语篇生成者的意图更好地理解语篇的隐性话语。因此，框架策略在语篇中的作用是宏观的，能帮助语篇生成者实现引导。

4.2　微观策略

微观话语策略是指具体的话语实践中，语篇生成者用来实现不同意识形态目的所采取的微观策略。主要探讨 Hart（2010）提出的指称策略、述谓策略、接近策略。

4.2.1　指称策略

指称策略是偏见交际（communication of prejudice）中的最基本策略（Resigl & Wodak，2001；Wodak，2001）。Sperber（2000）认为人们之所以使用指称策略是因为种族的分类始于有生命种类的认知模型，通过文化输入引起的预置而形成（转引自陈鹤三，2011）。Hart（2010：49）认为指称策略是通过对组群内和组群外的划分来探讨人类对同盟组群（coalitional group）进行范畴化的能力。在人类早期的发展中，族群生活是最基本的生存策略。组群内部关系是合作的，建立在互惠的利他主义基础上；而组群间的关系则是相互冲突的，建立在对有限资源的相互竞争之上（转引自陈鹤三，2011）。在现代社会，表示组群界限和从组外成员感受到威胁的信息不是像在进化适应性环境中那样来自直接的人际交往，而是来自人们对语篇和话语的引导。在话语中，构建组群界限的语言策略首先就是指称策略（Hart，2010；转引自陈鹤三，2011）。指称策略在语篇中既指向组群内，也指向组群外。在组群内，需要语篇理解者去推导，而组群外的建构预设着组群内的建构。Hart（2010）主要应用指称策略中的国别化（nationalisation）、解空间化（de-spatialisation）、异化（dissimilation）和集体化（collectivisation）对移民语篇进行了分析。我们在"一带一路"语篇分析中发现了指称策略的使用。

第一，国别化指称（nationalisation），即通过国别表述的词来区分组群内和组群外。指称策略在语篇中往往通过国别性的词来表现，转喻地指代一类人，以相互区别。

例 71

迈向中华民族伟大复兴的一次历史性跨越
2021-07-16

千年企盼百年拼搏，今朝梦圆全面小康。习近平总书记在庆祝中国共产党成立100周年大会上向世界庄严宣告："经过全党全国各族人民持续奋斗，我们实现了第一个百年奋斗目标，在中华大地上全面建成了小康社会，历史性地解决了绝对贫困问题，正在意气风发向着全面建成社会主义现代化强国的第二个百年奋斗目标迈进。"全面建成小康社会，书写了中华民族5000年发展史上的绚丽篇章，彰显了中国共产党百年大党的初心使命和价值坚守，展现了中国人民团结进取、拼搏奋进的不懈追求，在中国共产党奋斗史、新中国发展史、中华民族文明史上都具有重要里程碑意义。在新的历史起点上，我们要以史为鉴、开创未来，准确把握全面建成小康社会的理论和实践逻辑、历史和现实意义，勠力同心、攻坚克难，为实现人民对美好生活的向往、实现中华民族伟大复兴的中国梦不懈奋斗。

　　分析：例中画线部分"中华大地上""中国人民""新的历史起点上"运用了国别化的指称策略，区分族群内和族群外，以确定族群界线。根据 Hart（2010：56-57）对指称策略表达形式的划分，我们可以看出，以上用"中华大地上""中国人民"族群内明确（explicit）名词形式存在。语篇生成者通过国别化策略达到了区分族群的效果，引导语篇理解者理解中国已取得的成就和接下来的目标。"新的历史起点"即第二个百年奋斗目标的起点。

例 72

印度全面"亲美"致印俄关系渐行渐远

2021-07-16

　　印度与俄罗斯自 2000 年建立领导人年度会晤机制以来，从未有过"耽搁"。然而，2020 年底，普京本该访问印度却并没有"兑现"。

　　印俄官方的解释是，新冠疫情冲击了原有的安排。这多少是站不住脚的。当时，印度国内掀起了一股反思印度外交的争论，不少反对派直接批评莫迪政府正在"失去俄罗斯"。

　　与俄罗斯的关系，是印度外交中最大的"政治"，而两国领导人的年度访问则是两国关系的风向标。

　　印度与苏联自 1971 年建立准同盟关系，一直延续到 1991 年苏联解体。此后，在经历短暂的调整后，印度与俄罗斯恢复了之前的关系。正因如此，7 月 8 日，苏杰生在俄罗斯普里马科夫世界经济与国际关系研究所的演讲中称，印俄关系是二战后全球主要国家间最稳定的双边关系之一。

印度国内至今都对俄罗斯有一种特殊的好感。放在这样的内政背景下考虑，就不难理解为什么莫迪政府会迫切希望俄罗斯总统尽快访问印度，以平息国内对其破坏印俄关系的批评。

放在对外战略的背景下考虑，印度则希望让俄罗斯总统访印来冲淡其全面倒向美国的外交色彩，为印度继续声称其奉行自主外交来"背书"。

对印度而言，只有搞好同俄罗斯的关系，才能在对中国和美国的外交中获得更大的"讨价还价"能力。在大国关系中，印度一向是以多头结好、多头结盟来作为其最优策略的。

尽管普京今年访问印度是大概率的事件了，但俄印之间的分歧在苏杰生这次访问中也难以掩饰。

普京本人没有安排会晤这位以"亲美"著称的印度外长。而苏杰生在结束访俄行程后，又对格鲁吉亚展开访问。这是印度外长首次访问格鲁吉亚。

考虑到格鲁吉亚和俄罗斯关系紧张，外界普遍认为这是印度向俄罗斯发出的强硬信号，警示俄罗斯不要与巴基斯坦过度走近。

事实上，莫迪政府上台后，印俄在一系列问题上都产生了分歧，这些分歧并不是技术性的差异，而是明显带有战略性的矛盾。

例如，在印美俄三角关系中，近年来印美防务合作的深化严重冲击印俄关系的基石，印美拓展的能源合作则削弱了印俄关系的重要基础。

在美国的"印太战略"中，俄罗斯和中国一样，被美国当作最大的对手。为此俄罗斯已经多次直接表明其反对"印太战略"，反对印度参与美国主导的"四方安全对话"机制和美日印澳四国的"马拉巴尔"海上军演。

    然而，印度却回应称，俄罗斯不应该干涉印度同第三国的关系。用苏杰生的原话则是，"正因为印俄关系保持长期稳定，这种状态有时甚至被视为理所当然。"换言之，俄罗斯要学会接受印度已经强大的现实，再以"小兄弟"来看印度是不应该的。

    另外，在对华政策上，在看待"一带一路"倡议上，在阿富汗问题上，印俄都渐行渐远。核心原因是，莫迪政府的全面"亲美"已经损坏了印俄两国战略关系的根本，且这样的趋势难以逆转。

    如果说冷战之后印度调整并发展与美国的关系更多是策略性的，那当前莫迪政府的对美外交则显然是战略性的。否则难以解释，<u>为什么印度同美国及其"铁杆"盟友（日本、澳大利亚、以色列等）的关系都在迅速拉近</u>。

    可以说，印度已经从冷战前的苏联（俄罗斯）阵营顺利实现了加入美国阵营的目标，这就必然带来印度同其他所有国家关系的再调整。

    当然，印俄双方也仍在努力维持传统的战略友谊，印度无法面对完全失去俄罗斯的后果，而俄罗斯也无法承受失去印度的代价。

    在双方传统的军工合作领域内，印度仍然会继续顶住美国压力，坚持与俄前行。特别是，2018年10月双方达成的S-400防空导弹系统采购协议，印度在美国的强大压力之下仍然坚持如期履约。可以想见，<u>美国或会像其对北约盟友土耳其</u>购买S-400防空导弹系统实施制裁一样，给印度点"教训"。

    总之，在百年未有之大变局下，大国关系正在经历深刻的调整，印俄关系也不例外。

    分析： Hart（2010：49）认为指称策略的运用是探讨人类对同盟组群（coalitional group）进行范畴化的能力。例中画线部分"印度与俄罗斯""印度与苏联""中国和美国的外交""印度同美国及其'铁杆'

盟友（日本、澳大利亚、以色列等）""美国或会像其对北约盟友土耳其"分别运用了国别化的指称策略，区分组群内和组群外，以确定组群界限。语篇生成者运用上述词语划分突出国别性。

第二，解空间化（de-spatialisation），即通过地理性的或隐喻性空间来区分组群。比如通过国别性的（nationyms）、人类学性的（anthroponyms）、行为性的（actionyms）词，转喻地名性的（metonymic toponyms）和空间比喻性（metapohors of spatiality）的词加以指代，以达到区别。解空间化的本质是通过一些专门性词汇对所要描述的对象进行区分，如例73—例75所示。

例73

马来西亚多个组织联合呼吁欧美停止政治化病毒溯源
2021-07-15

中新社吉隆坡7月15日电（记者 陈悦）记者15日从相关组织获悉，马来西亚一中和平统一促进会、马来西亚一带一路委员会、马来西亚中国公共关系协会和东南亚社科研究所等马来西亚机构联合发出声明，呼吁欧美国家停止将新冠病毒溯源政治化，不应在缺乏科学依据的情况下，持续污蔑中国。

声明亦呼吁全球各国不分你我，共同推进国际抗疫合作，尤其是协助发展中国家和贫困国家抗击疫情。

声明指出，中国采取的抗疫措施果断有效，成功抑制疫情扩散，并在国际抗疫合作中走在最前线，积极提供抗疫物资和疫苗，协助发展中国家和贫困国家抗击疫情。欧美国家理应放下成见，与中国一起负起大国责任，共同携手抗疫。

声明批评以美国为主的少数欧美国家，在全球疫情严峻之际，却不断玩弄政治，借溯源问题来抹黑中国，导致国际分化现象持续恶化。

　　分析：例中画线部分"马来西亚一中和平统一促进会、马来西亚一带一路委员会、马来西亚中国公共关系协会和东南亚社科研究所等马来西亚机构联合发出声明""以美国为主"是通过地理性空间区分组群内与组群外，突出语篇生成者通过马来西亚解空间化的语言策略，倡导欧美国家停止将新冠病毒溯源政治化，不应在缺乏科学依据的情况下，持续污蔑中国。声明抗议是全球的合作，中国的有效抗议措施，走在国际抗议最前线，批评以美国为首的少数欧美国家，这里再一次通过国别化的指称策略，区分美国为主的欧美国家和其他国家，通过国别化策略达到了区分组群的效果，不仅仅局限在美国还有其他欧美国家想借助政治和溯源问题黑化中国，进而使国际分化现象更加恶劣。

例 74

中外人士网络对话：新疆对"一带一路"建设至关重要

2021-07-15

　　中新社乌鲁木齐 7 月 15 日电（苟继鹏）"中国倡导的'一带一路'是很好的交流合作平台，而位于中国西北部的新疆，是连通中国与中亚、欧洲国家和地区的门户，对'一带一路'建设至关重要。"瑞典"一带一路"研究所副所长史蒂芬·鲍尔 14 日说。

　　由新疆维吾尔自治区人民政府与中国驻瑞典大使馆和瑞典"一带一路"研究所共同举办的"新疆是个好地方——丝绸之路门户"网络视频研讨会 14 日举行，中国驻瑞典大使桂从友和多位国际人士，及新疆官员进行线上交流。

　　交流会上，新疆商务厅副厅长朱咏介绍了新疆的风土人情、对外经济发展和推进丝绸之路经济带核心区建设等情况。她说："新疆加快推进乌鲁木齐国际陆港区，喀什、霍尔果斯经济开发区高质量发展，推进核心区商贸物流、交通枢纽、医疗服务、文化科教、区域金融'五大中心'建设，持续加强对外交流合作和开放发展，推进丝绸之路经济带核心区建设取得积极成效。飞驰在'一带一路'上的中欧班列，为沿线国家和地区民众带去了看得见、摸得着的实惠。"

北欧绿色邮报编辑陈雪霏（Xuefei Chen Axelsson）通过视频，向与会者展示了她在瑞典超市里买到的新疆干果和库尔勒香梨。"这些产品都是通过中欧班列从新疆运到瑞典的。我还在网上购买了一台中国生产的扫地机器人，客服说需要20多天才能送达瑞典，结果7天就到了，也是搭乘中欧班列运送的。"陈雪霏说。

今年5月到访过新疆的意大利经济发展部前副部长米凯莱·杰拉奇说："现在一些西方国家存在心理障碍，宁愿相信那些关于新疆的谎言，也不愿相信他们听到和看到的新疆的真实情况。我去过新疆，走访了当地企业和棉花种植地，与当地民众面对面交流过。新疆不存在所谓的'种族灭绝'和'强迫劳动'，当地的维吾尔族民众和其他中国人一样，过着自由、幸福的生活。"米凯莱·杰拉奇还说，他将在今年9月继续前往新疆，从事其他研究。他还希望到时能通过直播的方式向更多人介绍真实的新疆。

分析：例中画线部分为"乌鲁木齐""瑞典'一带一路'""新疆维吾尔自治区人民政府与中国驻瑞典大使馆和瑞典""乌鲁木齐国际陆港区，喀什、霍尔果斯经济开发区高质量发展""北欧绿色邮报编辑""意大利经济发展部"。首先，由于"乌鲁木齐"位于中国西北部的新疆，是连通中国与中亚、欧洲国家和地区的门户，通过这一特殊地理性空间区分组群内与组群外，突出其所起到的关键作用。其次，"新疆维吾尔自治区人民政府与中国驻瑞典大使馆和瑞典"，语篇生成者分别引用解空间化的指称策略，描述了三个转型地名性的词，已达到区别。其中"新疆维吾尔自治区人民政府"指代新疆，"中国驻瑞典大使馆"指代中国官方。再次，"乌鲁木齐国际陆港区，喀什、霍尔果斯经济开发区"，通过地理性空间区分族群内与族群外，突出以这两个地区为核心持续加强对外交流合作和开放发展。最后，"意大利经济发展部"指代意大利官方，运用解空间化的指称策略区分了"一些西方国家"对于新疆的偏见，进而倡导新疆通过直播的方式向更多人介绍真实的新疆。

例 75

专访德国下萨克森州州长：对德中合作前景充满信心

2021-07-15

下萨克森州位于德国西北部。全球汽车巨头大众集团总部即位于该州沃尔夫斯堡。下萨州企业对华投资积极，有超过 500 家下萨州企业在中国投资兴业，代表企业有大众汽车集团、大陆集团、汉诺威展览公司等，同时有千余家企业同中国进行贸易往来。中国是大众最重要的海外单一市场。2020 年，大众集团与合资企业在中国内地及香港市场共交付汽车 385 万辆，以 19.3% 的市场份额继续保持领先。下萨州也是中国企业在德投资大项目相对集中的州。

下萨克森州和安徽省于 1984 年结为友好省州，是德国最早与中国建立友好省州关系的联邦州之一。现任州长魏尔曾于 2014 年、2017 年两度访华。

当地时间 7 月 13 日，从合肥发往下萨克森州威廉港的首趟中欧班列货运列车抵达当地。魏尔当天专程从州府汉诺威赶往威廉港迎接抵达该州的首趟中欧班列。在出席庆祝首趟中欧班列抵达的仪式后，魏尔接受了中新社记者专访。

分析：例中画线部分"下萨克森州位于德国西北部""沃尔夫斯堡""中国内地及香港市场""安徽省""合肥"通过地理性空间区分组群内与组群外，突出语篇生成者通过解空间化的语言策略，强调德中合作的美好前景。"下萨克森州""德国西北部""沃尔夫斯堡"这样的三个地理空间区分组群内与组群外，强调全球汽车巨头大众集团总部的地理位置。"中国内地及香港市场"，又区分了大众集团与合资企业的商业往来地区。最后的"安徽省""合肥"用来说明下萨克森州是德国最早与中国建立友好省州关系的联邦州之一。

从以上语料分析可以看出，指称策略是用于解释"一带一路"新闻语篇的一种重要话语策略。通过语料分析我们识别了几种主要的指称策略及其建构方式，如通过一些明确（explicit）和指示（deictic）的名词词组形式区分组群内与组群外。其中明确的名词词组形式通常用于表达身份，例如一些国别性的词（nationyms）可以用于解释国别化和解空间化两种话语策略，一些代词和限定性词可以解释集体化策略等（Hart，2010：56-57）。国别化策略运用国别性的词来区分组群内和组群外，从语篇的认知机制来说，常常与转喻现象和隐转喻相联系。解空间化策略通过地理性的或隐喻性空间来区分组群，从语篇的认知机制来说，常常与隐喻现象和隐转喻相联系。通过分析语篇生成者所采用的指称策略可以帮助语篇理解者更好地理解语篇中蕴含的隐性话语，展现语篇生成者的意识。因此，指称策略在本质上是意识形态的。

4.2.2 述谓策略

批评认知视角下的另一个微观话语策略是述谓策略（prediction strategies）。Resigl and Wodak（2001）指出述谓策略是通过语言手段将某种质量（quality）、数量（quantity）、时间和空间等属性赋予人、物体和事件的基本过程和结果。语篇生成者通过句法、语义和语用资源等形式实现述谓策略,该实现过程既可以是显性的,也可以是隐性的(Hart,2010:65-66)。Hart(2010:66)总结了述谓策略在语篇中的几种语言表征:一是通过形容词、介词短语和关系从句的形式将某些质性赋予人;二是通过数词和一些量化的词将某些质性赋予人;三是通过动词和名词化(nominalization)形式,以字面或隐喻的特殊形式描述行为和事件,并将某些质(quality)和数(quanyities)的属性赋予人;四是通过一些隐含和假设来加强推理等(Hart,2010:66)。在"一带一路"新闻语篇的语料分析中我们发现了述谓策略的使用,例如:

例76

知识密集型服务贸易占比提高
为经济高质量发展助力"添翼"
2021-07-15

一带一路带动效应显著

"近年来知识密集型服务贸易一直保持较高增速,并在疫情冲击下表现出较强的抗冲击能力。"清华大学服务经济与公共政策研究院客座研究员、北京第二外国语学院经济学院副院长罗立彬对国际商报记者表示。

罗立彬分析,疫情冲击使一些原本自然人移动以及异地消费形式的服务贸易转为通过跨境交付的方式进行,进而推动知识密集型服务贸易额迅速增加。比如,许多国际会议通过网络会议形式举行、出入境留学服务通过网络进行跨国远程教学等。

分析:下画线部分"带动效应""冲击""抗冲击""推动""迅速增加"运用了述位策略。语篇生成者在语言上将特定的性质(quality)

赋予疫情和知识密集型服务贸易，用以说明疫情的严重性以及对抗的能力。同时，通过交付方式的转变，提升了知识密集型服务的贸易额。语篇生成者运用上述动词、形容词短语等实现述谓策略，该实现过程是显性的。语篇理解者在阅读和理解该新闻语篇时，可以不断强化推动由于知识密集型服务贸易的提升，所带来的高质量的经济发展。

例77

海外留学有哪些新变化？

2021-07-15

出台新政推动线下授课

有望告别"在家留学"

本次线上展中，加拿大组织了21所院校（包括高校及中小学）参展。加拿大驻华大使馆相关负责人表示，尽管在疫情期间国际留学事业遇到了阻碍，但加拿大始终在做的一件事就是允许并支持国际学生通过线下、线上相结合的方式实现加拿大留学。当前，加拿大政府对国际学生实施了一系列支持举措，包括做好疫情防控工作、提高疫苗接种率、加速学生签证受理等，目前大部分加拿大学校宣布将于秋季开展线下授课。

分析： 下画线部分"出台""有望""遇到了阻碍""允许并支持""实施了一系列支持举措""做好""提高""加速"，从话语策略的角度来分析，语篇生成者运用了述谓策略。通过一系列动词以及动词短语，来说明海外留学在疫情期间的新变化。通过疫情期间留学生们所遇到的阻碍，以加拿大留学为例，展示了其采取的一系列应对措施。

Chilton（2004）和 Chilton and Schaffner（1997）认为，从语篇生成者的角度来说，语篇的最大目的是实现影响他人的行为、情感和信念，并以此满足自己的利益（Hart，2010：63）。在话语实践中，语篇生成者都需要用话语策略达到"认知效果"并激活某种操控，例如引发语篇理解者的情感效应（Chilton，2004）。为了实现述谓策略中的情感效应，Wodak（2001b：74）通过识别移民语篇中常见的十个惯用语句（topoi），把社会实践中组群之间的权力和意识形态关系构建起来。这些惯用语句包括：负担（burden）、性格（character）、犯罪（crime）、文化（culture）、危险（danger）、劣势（disadvantage）、疾病（disease）、移位（displacement）、剥削（explottation）、经济（finance）。这些特定的惯用语句具有共同特点，在语篇中都用于表征带有危险暗示的外部组群（Hart，2010：62-66），语篇生成者通过这些反复出现的惯用语句对语篇理解者产生认知和理解上的影响，引导语篇理解者的认知，实现述谓策略中的情感效应。

语篇生成者通过这些述谓策略中的惯用语句激活人们的认知理解，通过外部组群带有威胁性暗示的表征，引起语篇理解者的反感，以达到相应目的。

例78

中国"双桨齐动" 经济破浪前行

2020-07-22

靶向精准，通过纾困政策"组合拳"编织有效安全网，不断增强经济抗击疫情的"免疫力"。疫情下，中国灵活调整财政和货币政策，破解难点、打通堵点、消除盲点，坚定了市场信心，稳住了经济基本盘。密集出台和迅速落实的各项政策有效转化为经济复苏助推力，制造业 PMI 连续 4 个月稳定在荣枯线以上，服务业生产指数连续两个月正增长，社会消费品零售总额连续四个月降幅收窄，出口额连续三个月正增长……一系列经济指标逐步回升。西班牙《世界报》网站文章指出，得益于迅速果断采取的一系列措施，中国经济的恢复超出预期。

分析：下画线部分"双桨齐动""调整财政和货币政策""破解难点""打通堵点""消除盲点""坚定了市场信心""稳住了经济基本盘""密集出台""迅速落实"从话语策略的角度来分析，语篇生成者运用了述谓策略。通过一系列动词以及动词短语，说明疫情当下为增强经济所采取的措施。

例 79
新加坡支持"一带一路"倡议
2017-08-17

今天一起来关注一则与"一带一路"倡议相关的外交新闻。新加坡国家发展部长日前表示，中国"一带一路"倡议将改变亚洲下阶段发展，成为地区合作最大的潜在平台，强化地区互联互通和加速亚洲基础设施建设。

对此，外交部发言人华春莹在今天的例行记者会上回应称，"一带一路"是重要的国际公共产品，是中国同有关国家开展合作的重要平台，是开放包容的发展平台，有助于为地区乃至世界经济增长注入新的动力，对世界各国发展都是有利的。

华春莹表示，今年5月中国成功举办了"一带一路"国际合作高峰论坛。"一带一路"合作领域正越来越宽广，程度越来越深入。事实证明，"一带一路"倡议顺应时代潮流，适应发展规律，符合各国人民利益，具有广阔前景。

中方愿继续与新加坡及其他国家一道，秉持共商、共建、共享的合作原则，携手共建"一带一路"，加快区域经济一体化进程，为促进地区共同发展繁荣发挥积极作用。

分析： 语篇生成者运用述谓策略，通过四个名词性短语"国际公共产品""重要平台""开放包容的发展平台""新的动力"引导读者理解"一带一路"的具体含义，即加强地区联通，加速基础设施建设，成为最大平台。"顺应时代潮流""适应发展规律""符合各国人民利益"这三个动宾短语，用来强调"一带一路"在促进地区共同发展繁荣方面所做的贡献。

例 80

中国机器人"走出去"："一带一路"上新的友好使者
2017-08-24

"在'一带一路'背景下，推动中国机器人企业'走出去'，有两个重要问题需要考虑。"北京航空航天大学智慧制造研究院院长王田苗对记者说道，"首先是人口差异。我发现在美国很少有便利店，但是在日本、中国和韩国没有便利店就无法生活。这与社会结构有关系，它决定了在'一带一路'背景下开拓技术研究的方向。其次是文化差异。之前有一次我到过美国一个小区，周末晚上出来之后发现好多亚洲的老爷爷、老奶奶在照顾孙子孙女，但是西方没有这样的情况，都是父母亲自照顾，这就是文化和伦理的一种差异。"

王田苗认为在"一带一路"沿线国家人口和文化差异的背景下，无人工厂将是一种发展趋势。"对于人口密度大的国家，因为要提高工作效率，但做工的工人又比较难招，就需要实现无人化操作。"他认为另一个发展趋势是服务老人的机器人。"由于互联网和科技的发展让人越来越不想独处，这就出现了机器人对话、机器人伴侣、机器人聊天。定制化的服务以及私人助理，包括医生的助理、工作的助理、生活的助理等需求，都将派生出新一类智能机器人。"

　　分析：例中画线部分用"机器人对话、机器人伴侣、机器人聊天"从话语策略的角度来分析，语篇生成者运用了述谓策略。语篇生成者借助"机器人对话、机器人伴侣、机器人聊天"表示由于"一带一路"沿线国家人口和文化的差异，无人工厂将是一种发展趋势。

　　综上所述，述谓策略是用于解释"一带一路"新闻语篇的一个重要话语策略，通过汉语语料的案例分析，本书阐释了述谓策略的含义和实现方式，尝试性地归纳出"一带一路"新闻语篇中的几种惯用语句。我们注意到，在话语实践中，语篇生成者运用不同的语言表征将某种质和数的属性赋予事件、事件主体和某种行为，以此引导语篇理解者对组群外带有威胁暗示成员的认知。依据 Hart（2010：66）总结的述谓策略的几种语言表征，语篇生成者通过不同语言结构的使用，如名词、动词名词化形式、介词短语、关系从句以及一些隐喻的表达等，加强语篇理解者对事件或事件主体的认知理解，从而引发语篇理解者一定的情感效应，以达到语篇背后隐性话语与意识形态的再现。

4.2.3　接近策略

　　Cap（2006）指出接近策略是发展认知语用模型过程中的一种微观策略。Cap（2006）认为接近策略是一个认知概念，具有社会心理可及性，其视角具有一般心理过程，特别是依赖于语篇中的某些时空指示（spatiotemporal deictic）。在话语实践中，Cap（2006）解释了参与者所在的地点以及话语事件发生的时间是话语的指示中心（deictic centre）。在话语指示中心内部涉及内部指示中心元素（Inside Deictic Centre Elements，IDCs），这些元素包括话语参加者本身以及他们持有的价值观。语篇中的其他实体可以被概念化为外部指示中心元素（Outside Deictic

Centre Elements，ODCs）。接近策略涉及一个陌生且通常表示敌对的实体进入目标实体的物理或心理指示中心时发生的时空概念转移。从这个意义来说，接近策略预设着指称策略和述谓策略，是这两种话语策略的先决条件。而建构一个陌生且表示敌对的实体也分别是指称策略和述谓策略的实现过程（Cap，2006：8，转引自 Hart，2010：84）。

Chilton 认为接近策略本质上具有空间性，因为政治语篇大多包含保护领土或涉及他国领土等空间表征的含义，然而接近策略既涉及空间维度又涉及时间维度（Cap，2006：4，转引自 Hart，2010：84）。接近策略通过语言结构来表征，Cap（2006）总结了用于表达接近策略的六种语言形式，其中以下三种形式最具代表性。一是名词短语（NPs）可以被概念化为内部指示中心元素 IDCs 或外部指示中心元素 ODCs；二是通过动词短语实现外部指示中心元素（ODCs）向指示中心靠近的表征；三是通过副词短语和时体指示语概念化地表达话语事件正在发生、已经发生或即将发生的时间概念（Cap，2006；转引自 Hart，2010：85）。接近策略的原理是告知语篇理解者某一邻近的具有威胁倾向的现象即将发生，并需要听读者作出及时的反应（陈鹤三，2011）。在"一带一路"新闻语篇分析中，我们发现大量语料中都可以反映接近策略的使用。

例81

权威快报丨 上半年我国实际使用外资 6078.4 亿元
2021-07-14

商务部 14 日发布数据显示，2021 年 1 月至 6 月，全国实际使用外资 6078.4 亿元，同比增长 28.7%，较 2019 年同期增长 27.1%。其中，服务业实际使用外资 4827.7 亿元，同比增长 33.4%；高技术产业实际使用外资同比增长 39.4%,"一带一路"沿线国家、东盟和欧盟实际投资同比分别增长 49.6%、50.7%和 10.3%。

分析:例中画线部分描述了 2021 年上半年我国使用外资的情况。"2021 年 1 月至 6 月""较 2019 年同期"是时间上的接近,"'一带一路'沿线国家、东盟和欧盟"是空间上的接近。

例 82

民政部:未批准带有"一带一路"字样社会组织

2017-07-04

中新网 7 月 4 日电 据民政部网站消息,近日,一些未经登记的"一带一路"联盟、研究会等组织在社会上开展活动,巧立名目举办论坛、研讨会、展会以及评比、竞赛活动等,收取高额费用,损害了"一带一路"概念的严肃性和权威性,混淆视听,给一些单位和个人造成经济损失,产生了严重的社会负面影响,有的已触犯相关法律法规。

截至目前,民政部未批准任何带有"一带一路"字样的社会组织,凡是冠有"一带一路"字样且自称在民政部登记的组织均属于虚假宣传。社会各界对此应保持警惕,防止以"一带一路"为幌子的敛财聚财行为。

民政部社会组织管理局提醒社会公众在加入某个社会组织或者与其合作时,应当首先查验这个组织是否具备合法身份,以免上当受骗,防止产生不必要的损失和法律纠纷。相关机构和人员在发起成立社会组织时,必须按照《社会团体登记管理条例》《基金会管理条例》《民办非企业单位登记管理暂行条例》《外国商会管理暂行规定》等行政法规的规定依法登记。未经登记,擅自以社会组织名义进行活动的,依法予以取缔,没收非法财产;构成犯罪的,依法追究刑事责任。

分析：例中画线部分"未经登记的""损害了……严肃性和权威性""混淆视听""造成经济损失""产生了严重的社会负面影响""触犯相关法律法规""虚假宣传""保持警惕""敛财聚财""以免上当受骗，防止产生不必要的损失和法律纠纷""予以取缔，没收非法财产""追究刑事责任"表达了未经登记的带有"一带一路"字样的社会组织所造成的负面影响，表达具有威胁性的事情正在向指示中心靠近；同时指出了这些组织将承担的法律责任，以及社会公众在加入组织前需要注意的要点。

例 83

发布 20 项全国、全省首创清单

广州开发区知识产权综合改革五周年硕果累累

2021-07-14

全年有望保持较快增长

"国内经济稳中加固、稳中向好，市场主体活力增强，为外贸持续稳定增长提供了有力支撑。"李魁文表示。上半年，我国经济稳定恢复，工业增加值、固定资产投资、社会消费品零售总额等主要经济指标持续向好，生产需求继续回升，为外贸稳增长奠定了坚实基础。

上半年，综合保税区进出口增长 29.1%，自由贸易试验区进出口增长 32.1%，海南自由贸易港进出口增长 46.1%，均显著高于外贸总体增速。同期，跨境电商进出口增长 28.6%，市场采购出口增长 49.1%。进口、出口商品的数量分别增加 16% 和 29%，有力保障了国际产业链供应链的安全稳定。

多个国际组织连续调高了今年全球经济增长的预期。比如，4 月国际货币基金组织上调 2021 年全球经济增长预估值至 6%；6 月世界银行上调预估值至 5.6%。

"总的来看，<u>当前新冠疫情仍在全球多地蔓延，疫情走势错综复杂，外贸发展面临的不确定、不稳定因素依然较多</u>。"李魁文表示，去年下半年，我国外贸进出口比去年上半年增长近 27%，在较高基数的影响下，今年下半年进出口同比增速或将放缓，但全年进出口仍然有望保持较快增长。

分析：例中画线短语"全球多地蔓延""错综复杂""不确定""不稳定"四个名词短语，被概念化为内部指示中心元素，表达了新冠疫情的严重性。下文转折，即便在如此恶劣的情形之下，去年下半年我国外贸出口较去年上半年还是增长。

例 84
连续 13 个月正增长 跨境电商等新业态发展步入快车道
2021-07-14

值得注意的是，下半年面临的不确定性仍存，稳外贸政策还将持续加力。《经济参考报》记者注意到，近期以来，从<u>中央相关部门到地方政府</u>都在积极部署，出台了一系列政策举措，其中既包括支持外贸新业态新模式发展的顶层设计文件，也有跨境电商综试区等平台的贸易便利化创新发展探索。分析指出，在业态模式创新带动下，我国外贸迎来更为<u>强劲的增长动能，尽管下半年增速或将放缓，但全年仍有望保持较快增长</u>。

分析：例中画线部分"中央相关部门到地方政府"是空间上的接近。"强劲的增长动能""增速或将放缓""保持较快增长"说明外贸在业态模式创新的带动下，正在向正方向发展，尽管速度较慢。

例85

多国加快推动电子政务建设

2020-07-24

非洲电子政务发展水平也在快速提高。南非自2017年起实施"国家电子政务战略和路线图",打造数字化政府,包括设立中央服务中心,建立"一站式"服务门户,利用云计算、物联网、大数据等技术创新系统等。为推进政府远程办公,<u>摩洛哥</u>数字化发展署搭建了面向公共业务往来群体的数字平台"数字控制办公室",开通行政通信电子服务、行政管理电子流程、行政文件电子签名等服务,在保证安全传递信息的基础上促进政府数字化转型。<u>目前,南非、毛里求斯、塞舌尔等国</u>的电子政务发展水平已从"中等"迈入"高"的行列。

在<u>加纳、肯尼亚、乌干达等非洲国家</u>,"开放式创新中心"这一数字化服务形式逐渐建立起来,民众、社区、企业、非政府组织及政府部门可以共享包括疫情在内的各类信息,共同利用数字平台商讨公共政策。它们还会举办各种有奖活动激励民众提供建设性意见,帮助政府解决社会问题。

分析:例中下画线部分"摩洛哥""南非、毛里求斯、塞舌尔""加纳、肯尼亚、乌干达"表示空间的接近,以说明电子政务的发展在逐步推进。

通过语料分析,本书认为接近策略所包含的时间上和空间上的接近本身并不会构成话语策略,只有当时间或空间上的接近造成了外部指示中心元素ODCs对内部指示中心元素IDCs的威胁时,才构成话语策略。例如,之前分析述谓策略中表示危险(danger)含义的惯用语句时,接近策略可以加强这种危险的情感驱动(emotive coercion),当危险的来临在时间和空间的维度上更加凸显时,接近策略便强化了述谓策略对引导语篇理解者产生共鸣的情感效应。

4.3　本章小结

　　话语策略是 DALP 实现引导目的的具体手段和途径，本书认为话语策略又分为宏观话语策略和微观话语策略。本章重点结合"一带一路"新闻语篇探讨了微观话语策略，微观话语策略包括指称策略、述谓策略、接近策略以及宏观的合理策略，分析了这些话语策略是如何按照语篇生成者的意图，实现话语意图，最终实现驱动目的的。此外，本章还重点介绍和应用了认识情态是如何在"一带一路"语篇中再现和蕴含意识形态的。本章和第三章一起共同构成了"一带一路"新闻语篇分析的两大内容，即语篇的认知机制和语篇的话语策略。其中，语篇的认知机制既是语篇生成者实现驱动目的的实现途径，也是语篇理解者理解语篇的重要方法。而语篇的话语策略则是从语篇生成者角度而言，是语篇生成者为实现语篇引导目的的具体实施手段。那么认知机制与话语策略具体是什么样的辩证关系？宏观话语策略与微观话语策略又是如何互动的？如何构建两者间的互动模型？在详细分析了语篇的认知机制和语篇的话语策略的基础上，本书第五章将继续深入探讨两者之间的内在联系以及宏观话语策略和微观话语策略的关系。

5 基于 DALP "一带一路" 新闻语篇的
认知机制与话语策略的互动研究

本章在第三章和第四章分析的基础上，整合这两章的研究内容，以"一带一路"新闻语篇为语料分析对象，重点探讨认知机制与话语策略互动研究。

5.1 CLP 认知机制与话语策略

DALP 与批评认知结合的主要目标是揭示语篇生成者的语篇驱动目的，通过解码意识形态，探讨话语的隐含意图和语篇生成者对语篇是如何引导的，最终揭示社会政治语境中权力滥用、不平等性和认同构建是如何通过话语实践来实现的。在话语实践中，语篇的驱动通常体现在各种话语策略中，话语策略是实现语篇驱动目的的方法和手段。而从认知语言学的研究路径的角度来说（Cognitive Linguistic Approach，CLA），可以建立驱动（coercion）和语言引导（linguistic manipulation）进行识别和分析的新方法，识别和分析语篇中所引导的话语和心理策略。认知语言学可以为 DALP 提供更多的研究方法选择，并提供一种将隐喻表现、转喻表现、心理空间与概念整合、前景和背景、社会和习俗的范畴以及注意力、各种图式等加以理论化的方法。正如Geeraerts（2010）认为的，认知语言学不仅试图描写，也会采用一种评价立场（evaluative stance），其更多的是一种批评形式（critical form）。DALP 同 CLP 一样，都关注意义的表达，但 CLP 更关注宏观的社会意义。DALP 和批评认知的融合，一方面可以进一步验证认知语言学的解释力；另一方面可以进一步提高 DALP 研究的明晰性和深度，使认知语言学更加关注政治语篇和社会语篇，聚焦语言使用的社会性和政治性，考察语言在社会文化语境下的生成和理解的认知过程（张辉、江龙，2008）。

我们认为批评认知语言学研究有宏观和微观之分，宏观方面如以Van Dijk（2001）为代表的社会认知模式，微观方面是以 Hart 和 Chilton 为代表的研究。本研究主要采用微观的批评认知语言学视角。从 DHA 角度探讨话语策略，主要体现在对不同话语策略的识解操作的认知解读上，包括从认知语言学的隐喻、转喻、心理空间与概念整合等不同理论背景研究话语背后隐性的意识形态等。识解操作可以解构不同话语策略。在 CDS 的研究中，在不同的具体语境中，识解操作实现为不同意识形态的话语策略（Reisigl & Wodak，2001）。实施话语策略的最终目的是实现驱动，从认知语言学角度解读话语策略，有利于语篇理解者更好地解读话语策略中蕴含的隐性话语和意识形态意义，了解语篇生成者是如何引导话语策略的。话语策略的表现形式多种多样，但最终表现为蒙蔽和驱动两个目的，对话语策略的认知解读可以更好地解析话语策略的表达方式、隐含的话语功能和意识形态效应，了解语篇、社会和语篇生成者之间的关系。话语策略与认知机制之间是相辅相成的关系，是理论基础与应用实践之间的关系，是动机目的与实现方法之间的关系。

5.2 认知机制与话语策略互动模型

本章第一节详细介绍了认知机制与话语策略的关系。两者之间是互补关系，是一种理论基础与应用实践的关系。其学科理论背景是批评认知语言学。批评认知语言学主要是关于认知语言学与批评话语分析的融合。认知语言学与CDA在理论建构和应用分析上具有一定的互补性（张辉、江龙，2008）。一些CDA研究领域的知名学者，如O'Halloran（2003）、Wodak（2006）、Van Dijk（2007）纷纷指出CDA的研究需要认知的介入，提出社会和认知的方法对于CDA研究非常有用，是CDA未来发展的方向之一，话语结构和社会机构之间是通过社会认知再起作用。而认知语言学与CDA融合的表现就是话语策略与认知机制的关系。

DALP的主要目的是实现驱动和引导，而两者之间还是有区别的。驱动目的多指背景层面的，偏重认知机制；而引导目的多指具体引导层面，偏重话语策略。我们在第三章探讨了"一带一路"新闻语篇分析的认知基础，重点分析了隐喻、转喻和概念整合等识解操作。第四章介绍和讨论了具体的话语策略。本章前文在对认知机制和话语策略关系分析的基础上，区分了微观话语策略和宏观话语策略。鉴于此，我们构建了认知机制与话语策略互动的模型（以批评认知语言学为理论背景），如图11所示。

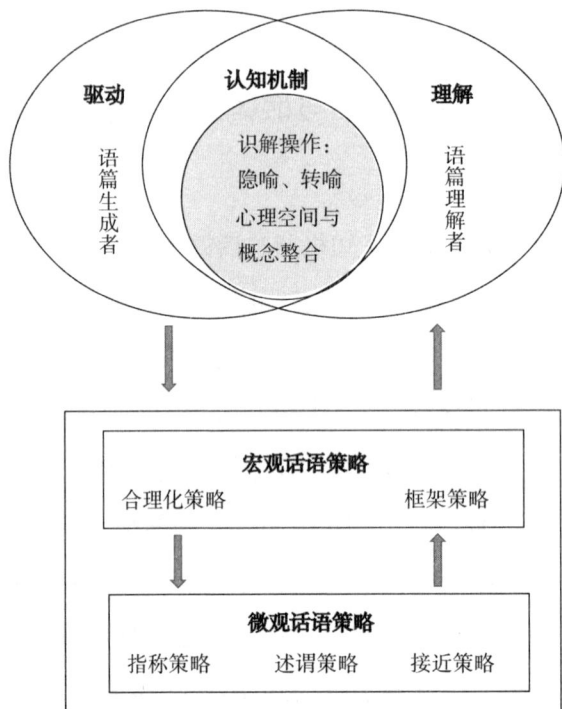

图 11 外宣报道语篇认知机制与话语策略认知模型

在图 11 中，认知机制和话语策略的学科理论背景是批评认知语言学，而批评认知语言学的目的又分为两种，一是驱动目的，二是引导目的。驱动和引导都是从语篇生成者角度来说的，其中驱动目的是隐性的，多体现在认知机制上；而引导目的是显性的，多体现在具体的话语策略中。认知机制既属于语篇生成者实现驱动的方法，同时也是语篇理解者解读认知机制的重要环节。因此，体现在模型中，认知机制是语篇生成者的驱动与语篇理解者的理解之间的交集。对认知机制的解读可以更好地理解话语策略，解读的具体途径是从认知语言学的不同理论视角对识解操作进行阐释。换言之，在不同的理论视角下，识解操作具体反映在隐喻、转喻、概念整合、范畴化等。

识解操作是认知机制解读的具体内容，而话语策略是实现引导目的的具体途径。本书认为话语策略可以分为两种，一种是宏观话语策略，另一种是微观话语策略。宏观话语策略介于识解操作与微观话语策略之间，其目的主要是从宏观上识别认知机制的主要内容和框架。如 Hart（2014）提出的结构构型策略、框架策略、定位策略和识别策略。这些宏观策略就像在素描中，我们需要椎体、柱体或人物像的主体轮廓，然后再进行细节填充，这些主体轮廓就是宏观策略，而那些细节填充就是微观话语策略。从批评的角度看，语篇框架中任何一个要素被引入，都会激活框架中的剩余部分（Fillmore，1982：111）。在框架策略中，说话人能够将凸显的知识概念化，特定的知识领域可及，进而形成一种推理模式（Hart，2014b：174）。Hart 认为框架策略包括两个基本内容，一是范畴化（categorization），二是隐喻化（metaphorization）。范畴化的主要作用是分类，即通过关键词将要概念化的对象进行分类，使语篇理解者按照语篇生成者的意图，通过关键词将整个认知域激活。由此可见，框架策略主要是让语篇理解者对整体的认知机制有个初步了解，形成一个框架式的概念结构，从而可以了解和揣摩语篇生成者的话语意图。

微观话语策略是宏观话语策略的发展和延续，是识解操作和宏观话语策略实现的具体方法和途径。这些话语策略可以包括指称策略、述谓策略、接近策略和合理策略（Hart，2010）等。以指称策略为例，指称策略是偏见交际（communication of prejudice）中的最基本策略（Resigl & Wodak，2001；Wodak，2001）。该策略通过对组群内和组群外的划分来探讨人类对同盟组群（coalitional group）进行范畴化的能力（Hart，2010：49）。指称策略通常以明确（explicit）和指示（deictic）的名词词组形式存在（Hart，2010：56-57）。本书第四章已经对这些内容进行了介绍，这里不再赘述。在指称策略具体的四个维度中，国别化、解空间化、异化和集体化的本质都是一种分类，其实是范畴化理论的具体实现，从话语策略角度探讨，就是框架理论在具体话语实践中的应用。模型中实线表示顺向推导关系，而虚线表示逆向反溯关系。下面我们以"一带一路"语篇为例进行理论验证。

例 86

昆明西山："菜市场"提了档　"菜篮子"省了心
2021-04-12

"市场环境卫生变好了，顾客来买菜也愿意在摊位前多待会。"4 月 9 日，在云南省昆明市西山区四季鲜农贸市场经营了 20 多年的胡师傅说。

2010 年 7 月投入使用的四季鲜农贸市场，开办九年后，网格顶面破旧不堪、菜摊老旧。而位于永昌小区永兴路的复兴农贸市场，始建于 2002 年 8 月，由于建造时间较久，钢结构大棚腐蚀严重，摊位布置凌乱。

为守护辖区群众"菜篮子"安全，昆明市西山区通过以点带面"诊治"农贸市场"通病"，举一反三提升整治农贸市场，升级菜市场"硬件"、提升菜市场"软件"，加强管理和服务，"菜市场"提了档、"菜篮子"省了心。

按照"一场一策"的方式，四季鲜农贸市场"硬件"提升后，明亮、宽敞、干净，摊位整齐划一、整洁有序、分区清晰。复兴农贸市场改造了市场内所有铺面，重新铺装了地砖墙砖，提升了市场经营环境。

菜市场"硬件"升级后，着眼于软件的提升；西山区职能部门秉持强服务、敢担当的监管理念，提升科学监管水平，建立健全"管集

148

市"专项行动长效机制，加强市场价格秩序监管，持续开展市场价格监督检查，全面整治问题易反弹这一农贸市场"通病"，推进"管集市"专项行动不断深入，着力打造整洁、安全、放心、满足群众日常生活消费需求的现代化农贸市场，维护消费者合法权益，守护辖区群众"菜篮子"安全，让群众的菜篮子"拎得"安全、舒心、省心。

分析：在区分驱动和引导的背景下，本例的理论背景是范畴化，体现的宏观话语策略是框架策略，语篇生成者具体实施的微观话语策略是框架策略，通过对农贸市场的"通病"进行诊治，这一"就诊框架"，提出了具体的诊疗方案，即解决农贸市场"建造时间较久，钢结构大棚腐蚀严重，摊位布置凌乱"的措施。语篇生成者具体实施的微观话语策略是接近策略。从微观话语策略来说，例中下画线部分通过"一场一策"的方式升级"硬件"；通过建立健全"管集市"专项行动长效机制提升"软件"，画线部分通过名词短语和动词短语实现外部指示中心元素靠近指示中心"解决方案"的表征。使农贸市场达到有序化、规范化和整洁化的效果。

本节构建的语篇认知机制与话语策略的互动模型有以下主要特点。首先，区分了DALP研究的两个主要目的，即驱动和引导，两者本质上是有区别的，一个侧重背景理论层面，而另一个偏向具体实践层面。其次，分清了认知机制与识解操作、宏观话语策略与微观话语策略的关系，以及认知机制与话语策略之间的关系。识解操作是认知机制的主要内容；宏观策略是框架，微观策略是具体实施的细节；认知机制与话语策略是理论与实践的关系，宏观策略在认知机制和微观策略之间起衔接和过渡的作用，承上启下。最后，本模型的理论背景是批评认知语言学，模型的建构为批评话语分析与认知语言学的融合提供了新思路。作为当今语言学流派中发展迅速的两个流派，认知语言学和批评话语分析都具有各自的理论特色，二者之间具有较强的互补性。一方面，DALP可以促使认知语言学更多关注社会问题；另一方面，认知语言学可以为DALP 的研究拓宽思路，提供更多的认知工具和解释方法。例如通过隐喻、转喻、心理空间和概念整合、前景和背景、视角、注意力和范畴等理论视角进行研究的方法。

5.3　本章小结

本章是本书的核心章节，在第三章认知机制解读和第四章批评认知语言学视角下的话语策略研究的基础上，阐述了认知机制和话语策略的关系，进而构建了认知机制与话语策略的互动模型。最后应用该模型以认知机制中的范畴化识解操作、宏观话语策略中的框架理论和微观话语策略中的指称策略为个案，结合"一带一路"新闻语篇语料，应用和验证了该模型的解释力。

6　研究结论

随着 DALP 分析研究的深入，其跨学科的研究性质日益凸显，研究的内涵和外延不断扩大，涵盖语言与权力、意识形态、认同关系等研究话题，学科属性涉及语篇分析、社会语言学、语言社会学等不同学科，DALP 研究包含 CLP 和 DHA。目前 CLP 的研究方法和视角也日益多样化，如认知语言学、语用学、语料库语言学、进化心理学、民族志研究（Ethnography study）等研究路径。从认知语言学的研究路径来说，CLP 研究的核心问题之一是驱动（coercion），而语篇生成者为了达到驱动目的，会采取各种话语策略，话语策略可以显化为不同的操作手段，而这些话语策略的实施必然会涉及语言的认知和理解过程，这个过程往往被概念化。因此，批评认知视角下的语篇分析应该强调认知机制与话语策略，并探讨两者之间的关系，从而更好地为 DALP 的研究目标服务，即揭示语言、权力与意识形态之间的关系。

6.1　研究内容与发现

本研究尝试性地在批评认知视域下，采用认知语言学和话语分析的研究方法,将认知语言学中的一些基本观点和理论假设运用于语篇的个案分析,对"一带一路"新闻语篇的认知机制和话语策略进行解读,揭示隐藏在话语背后的意识形态意义。在认知机制方面,本书突出概念化的解析,从概念隐喻、概念转喻和心理空间与概念整合三个不同的认知维度研究话语背后的隐性话语。在话语策略方面本书区分了宏观策略与微观策略的关系,阐述了认知机制与话语策略之间的关系,重点从微观的批评认知语言学视角,依据 Hart(2010)归纳的指称策略、述谓策略、接近策略和合理策略四个话语策略展开分析。在此基础上对语篇认知机制和话语策略之间深层次的关系作出解释。本书希望证明批评认知语言学理论在分析新闻语篇中的价值,在 Hart 等学者的研究模型基础上做修补,建构出认知机制与话语策略的互动关系模型。

本书研究了以下几个问题:(1)"一带一路"新闻语篇的认知机制是什么?如何运用认知语言学的基本理论和假设解释语篇的认知机制?(2)语篇生成者在语篇中采用了哪些主要的话语策略方式?如何区分这些话语策略?如何应用话语策略达到语篇目的?如何实现权力和表达主要意识形态?(3)"一带一路"新闻语篇中认知机制与话语策略之间的关系是什么?(4)如何构建认知机制与话语策略互动的语篇分析模型?(5)"一带一路"新闻语篇分析的意义是什么?最新研究成果和发展趋势是什么?

以下是这五个问题的研究结论:(1)"一带一路"新闻语篇的认知机制是什么?如何运用认知语言学的基本理论和假设解释语篇的认知机制?

通过对语料的整理和分析,本书从批评认知语言学的视角探讨"一带一路"新闻语篇的认知机制,通过对海外网丝路频道"一带一路"语料的微观和个案分析,分别从概念转喻、概念隐喻、隐转喻、概念整合四个维度归纳出"一带一路"语篇的认知机制。

第一，通过语料分析，本书归纳出"一带一路"新闻语篇的概念转喻认知机制。在语篇分析中主要存在两大转喻类型，第一类是"部分-整体""整体-部分"的转喻认知模式。这一类别又包括"一个范畴代替一个范畴中的成员"的转喻关系类型。第二类是"部分代替部分"的转喻认知模式。这一类别又包括"范畴与其特征之间关系"的转喻类型。由于转喻建立在源域和目标域的邻近性关系基础上，因此在语料个案分析时，本书通过标注、确认语料中发生的转喻关系，运用转喻关系类型及子类进行认知解读，从批评认知的角度分析语篇生成者想要达到的语篇目的。

第二，本书归纳了"一带一路"语篇的隐转喻认知机制。在明确隐喻和转喻之间关系是密不可分的前提下，依据隐喻和转喻的互动关系，从汉语、意大利语的语料中分别提取出三类隐转喻关系类型。一是隐喻中的转喻。研究首先标注、确认语料中出现的隐喻映射关系，再对隐喻中存在的转喻现象进行描述，进而分析隐转喻如何在语篇中表达语篇生成者的意识形态。二是来自转喻的隐喻。研究发现"一带一路"新闻语篇中经常出现这一隐转喻类型。转喻的映射发生使整个语言表达的字面义发生了隐喻的变化。通过对语料中出现的转喻关系进行确认，再对转喻中出现的凸显的认知参照点进行描述，从而找到隐喻关系。语料中出现的第三类隐转喻关系是基于转喻的隐喻。这部分研究主要通过标注语料中出现的转喻关系，再对衍生的隐喻关系加以确认。通过判断转喻和隐喻的形成是否依据人自身的体验，来区分隐转喻关系中第二类和第三类的界限。如果转喻中出现的隐喻现象不是从人自身体验中获得，就属于基于转喻的隐喻；反之，就属于来自转喻的隐喻。综上所述，语篇中隐转喻的使用和从语篇理解者角度进行解读可以凸显语篇效果。转喻思维可以提高语言在交际中的效率。

第三，通过语料分析本书归纳出"一带一路"新闻语篇的概念隐喻认知机制。隐喻基于相似性，隐喻的基本类型主要包括实体隐喻、方位隐喻和结构隐喻。在明确隐喻类型划分的基础上，研究首先对语料中的隐喻类型进行识别。然后对语料中出现的隐喻关系进行描写。最后分析语篇生成者对该事件的态度，从整体上揭示隐喻在语篇中的认知机制。本书第三章基于语料分析，共提取六个实体隐喻的子类，分别是：人的隐喻、火的隐喻、战争隐喻、水的隐喻、容器隐喻和颜色隐喻。通过对隐喻生成机制的分析和理解，使语篇理解者更好地理解语篇生成者所要传达的意识形态意义。

第四，本书运用概念整合理论视角对"一带一路"新闻语料进行分析。研究发现大部分出现隐喻现象的语料都可以从概念整合角度加以阐释。因为概念隐喻与概念整合两个理论视角都涉及两个域之间的映射关系，因此既可以用隐喻理论去解释，也可以通过概念整合理论解释。通过概念整合的分析，凸显了从认知语言学的不同理论视角对"一带一路"新闻语篇的解释力。

综上所述，本书通过概念转喻、隐转喻、概念隐喻和概念整合四个"概念化"理论视角解释了"一带一路"新闻语篇的认知机制。通过对认知机制的解读，更清晰地展现语篇是如何被语篇生成者进行概念化的，也使语篇理解者更好地理解其概念化的机制和过程是如何构造的。这一部分是本书对"一带一路"新闻语篇的研究基础，只有首先从语料出发，明确语篇的认知机制，才能更好地理解语篇的话语策略。

（2）语篇生成者在语篇中采用了哪些主要的话语策略方式？如何区分这些话语策略？如何应用话语策略达到语篇目的？如何实现权力和表达主要意识形态？DALP的终极目标是实现对语篇的驱动和引导，语篇生成者需要通过不同话语策略来实现语篇目的，因此话语策略是实现DALP 目标的方法和手段，不同的话语策略可以把隐含的认知机制包装起来。本书认为在微观批评认知语言学视角下，话语策略有宏观和微观之分。本书重点探讨了微观话语策略。主要依据 Hart（2010）提出的话语策略，解析"一带一路"新闻语篇。话语策略分别是：指称策略、述谓策略和接近策略。

第一，在"一带一路"新闻语篇中，语篇生成者经常运用指称策略，具体包括国别化（nationalisation）、解空间化（de-spatialisation）和集体化（collectivisation）三个子类。很多语篇通过一些明确（explicit）和指示（deictic）的名词词组形式区分组群内与组群外。如，国别化策略运用国别性的词来区分组群内和组群外。从语篇的认知机制来说，常常与转喻现象相联系。而解空间化策略通过地理性的或隐喻性空间词来区分组群，从语篇的认知机制来说，常常与隐喻现象相联系。通过指称策略可以更好地理解语篇中蕴含的隐性话语，展现语篇生成者的意识。

第二，"一带一路"新闻语篇中存在大量述谓策略的使用。语篇生成者运用语言手段将某种质、数、时间和空间等属性赋予人、物体和事件。通过句法、语义和语用资源等形式实现述谓策略，该实现过程既可以是显性的，也可以是隐性的。通过对语料的案例分析，本书阐释了述谓策略的含义和实现方式，语篇生成者通过不同语言结构的使用，加强语篇理解者对事件或事件主体的认知理解，以达到语篇目的。

第三，本书探讨了微观话语策略中的接近策略。通过语料分析，研究发现该策略所包含的时间和空间上的接近本身并不会构成话语策略。只有当时间或空间上的接近造成了外部指示中心元素（ODCs）对内部指示中心元素（IDCs）的威胁时，才构成话语策略。接近策略强化了述谓策略对引导语篇理解者产生共鸣的情感效应，有助于实现语篇生成者对语篇的引导。

第四，本书探讨了合理策略。通过语料分析归纳出合理策略在语篇中的两种实现途径，即语篇的内部连贯和外部连贯。内部连贯常用衔接手段表达，运用逻辑连接词加强语篇的说服性。而外部连贯主要通过传信性（evidentiality）和认识模态（epistemic modality）来实现。本书基于语料分析尝试性地归纳出两类认识情态的实现途径，即情态动词和情态话语标记。认识情态并非与现实世界的事件和场景直接对接，而是语篇生成者对话语中呈现的事件和场景的一种态度，是其主观世界的一种判断。在传信性方面，本书尝试识别了"一带一路"新闻语篇中言语证据的来源，确认言语证据的类别属性划分。本书语料中出现的言语证据来源、信息发布渠道、发布机构的权威程度、信息可靠程度等因素进行分析，以确认言语证据的传信性的等级。信息来源等级越高，传信性越高；来源等级越低，传信性越低。所谓等级高低是指传信的可靠性和把握性的程度，从完全有把握（certain）到部分有把握（probable），再到没把握（possible）的程度过程。此外，本书还尝试识别了"一带一路"新闻语篇中言语证据的知识类型。主要依据 Bednarek（2006a）归纳的四种言语证据、Hart（2001）进行的增补以及 Bednarek（2006b）提出的来源标签将语篇中出现的言语证据从知识类型角度进行划分，并进行解释。

（3）"一带一路"新闻语篇中认知机制与话语策略之间的关系是什么？在深入分析了"一带一路"新闻的认知机制与话语策略的基础上，本书解释了两者之间深层次的关系。在认知机制方面，本书主要从概念隐喻、概念转喻、概念整合三个不同理论视角对语料展开分析。通过认知语言学途径解释语篇的认知机制，更清晰地展现语篇是如何被语篇生成者进行概念化的，进而为语篇生成者是如何利用话语策略达到驱动和语篇引导目的，提供理论基础和认知依据。

在话语策略层面，本书主要聚焦微观的批评认知语言学视角。目前学术界一般认为批评认知语言学研究有宏观和微观之分，宏观方面主要依据是以 Van Dijk 为代表的社会认知模式，微观方面是以 Hart 为代表的研究。本书从微观批评认知视角，将话语策略分为宏观策略和微观策略。其中宏观话语策略是从批评认知的角度从宏观上解释语篇的认知机制，主要依据 Hart（2014b）提出的几种话语策略及其识解解读，本书重点解释了框架策略。框架策略的本质是通过使语篇理解者对语篇表达中最凸显的部分进行概念化，从而激活对整体语篇的理解，最终使语篇理解者按照语篇生成者的意图更好地理解语篇的隐性话语和意识形态意义。而微观话语策略，指具体的话语实践中，语篇生成者用来实现不同意识形态目的所采取的微观策略，本书依据 Hart（2010）提出的话语策略，结合语料分析主要探讨了指称策略、述谓策略和接近策略。

在语篇认知机制与话语策略之间的互动关系方面，本书认为两者之间是相辅相成的关系，是理论基础与应用实践之间的关系。一方面，语篇的认知机制既是语篇生成者实现驱动的方法，同时也是语篇理解者理解语篇背后隐性话语的途径。从语篇生成者的角度来说，为达到语篇驱动的目的，可以采用不同的语言手段，如隐喻、转喻、概念整合等认知机制去解读。从语篇理解者的角度来说，通过对语篇认知机制的解读，有利于语篇理解者更好地解读话语策略中蕴含的隐性话语，理解语篇生成者想要实现的话语目的。另一方面，话语策略建立在认知机制的基础之上。识解操作可以解构不同话语策略，例如运用范畴化、概念化的理论对不同话语策略进行识解操作和认知解读。对话语策略的认知解读可以更好地解析话语策略的表达方式、隐含的话语功能和意识形态效应，了解语篇、社会和语篇制造者之间的关系。因此，解读语篇的认知机制是揭示语篇生成者与语篇理解者之间关系的重要途径。话语策略建立在认知机制基础之上，两者之间是相辅相成的关系，是理论与实践之间的关系。

（4）如何构建认知机制与话语策略互动的语篇分析模型？批评认知语言学主要是认知语言学和批评话语分析的融合。一些 CLP 研究领域的知名学者纷纷指出 CLP 的研究需要认知的介入。如 O' Halloran（2003）、Wodak（2006）、Van Dijk（2007）都指出社会和认知的方法对于 CDA 研究非常有用，是 CDA 未来发展的方向之一。从这个角度来说，认知机制与话语策略之间的互补关系印证了 DALP 融入认知视角的必要性。本书在话语策略和认知机制关系分析的基础上，区分了微观话语策略和宏观话语策略。鉴于此，我们构建了话语策略与认知机制互动的模型，这也是本研究最大的创新之处。在模型中，①区分了批评认知语言学两大目的，驱动与引导。驱动目的是隐性的，大多通过认知机制来实现，而解读认知机制的具体途径是识解操作。识解操作具体反映在概念隐喻、转喻、概念整合等方面。而引导目的是显性的，多体现在具体的话语策略中。换言之，话语策略是实现引导目的的具体途径。②区分了话语策略的层级。本书认为话语策略分为宏观和微观。宏观话语策略介于识解操作与微观话语策略之间，目的主要是从宏观上识别认知机制的主要内容和框架。本书主要介绍了 Hart（2014）提出的范畴化和隐喻化的框架策略，说话人能够将凸显的知识概念化，特定的知识领域可及，进而形成一种推理模式（Hart，2014b：174）。本书通过对"一带一路"新闻语篇的分析，归纳出框架策略的两个内容：范畴化和概念化。这是在 Hart 提出宏观话语策略基础上的一点小的修补。在微观话语策略中，本书主要探讨了指称策略、述谓策略、接近策略和合理策略（Hart，

2010）。微观话语策略是宏观话语策略的发展和延续，是识解操作和宏观话语策略实现的具体方法和途径。③模型体现了宏观策略、微观策略与认知机制相结合的理论建构。宏观策略是框架，微观策略是具体实施的细节；认知机制与话语策略是理论与实践的关系，是互补关系。宏观策略在认知机制和微观策略之间起衔接和过渡的作用，承上启下。最后，模型构建的理论背景批评认知语言学，印证了批评话语分析与认知语言学融合的必要性和可能性。

（5）"一带一路"新闻语篇分析的意义是什么？最新研究成果和发展趋势是什么？从语篇的类型来说，以往 DALP 视角的语篇研究主要聚焦在大众语篇和官方话语，对社会语篇重视不够。近年来，DALP 拓宽研究视野，延伸至一些重要的话题研究。社会语篇关注社会中凸显的社会问题，社会语篇依据主题不同又包括移民语篇、女性语篇、健康与疾病语篇等。Hart（2014）认为，CDA 研究语篇与社会行为（social action）之间的关系，具体通过不同语篇主题来表达，如移民（immigration）、性别（gender）、战争（war）、犯罪（crime）、教育（education）等主题。本书研究的是新闻语篇中的"一带一路"语篇。

通过梳理文献，我们发现国内外学术界关于"一带一路"语篇的研究呈现出交叉学科的研究态势。以"一带一路"话语作为研究对象的课题融入了语言学、传播学、政治生态学、"一带一路"保护等学科知识。目前国际上对"一带一路"语篇的研究主要呈现出两个视角，一是从传播学视角展开研究，二是从 CDA 语言学视角下研究"一带一路"语篇。本书是基于 DALP 与认知语言学相融合的研究视角，对"一带一路"新闻语篇分析的一次尝试。从研究发展趋势来说，国内外很多学者主张 DALP 引入认知视角，从而形成了批评认知视角下的语篇研究途径。目前国内对"一带一路"语篇语言政策的研究大多基于多学科理论，语言学者运用 CDA 研究语篇大多集中在政治语篇、经济语篇、英语新闻语篇等，鲜有从 DALP 的视角研究"一带一路"外宣报道的语言政策，因此，本研究符合语篇研究的最新发展趋势。本书研究的结论和构建的语篇分析模型也将适用于"一带一路"新闻语篇之外的其他新语篇。

6.2　研究创新之处

本书拟创新之处主要体现在以下三个方面。（1）本书区分了 DALP 研究的两个核心问题，即驱动和引导。语篇生成者为达到驱动和语言引导的目的，会采取各种话语策略。然而驱动和引导是有明显区别的，驱动是隐性的，主要偏重理论层面，可以通过认知机制来实现；引导是显性的，具体体现在话语策略的实施层面，不同话语策略的使用可以实现引导。（2）在话语策略解读方面，本书认为微观的批评认知语言学视域下，话语策略应分为宏观话语策略和微观话语策略。其中宏观话语策略是介于识解操作与微观话语策略之间的。微观话语策略包括指称策略、述谓策略和接近策略。（3）在认知机制与话语策略之间互动关系方面，本书通过语料分析，认为话语策略与认知机制之间是相辅相成的关系，是理论基础与应用实践之间的关系。认知机制的解读可以更好地理解话语策略，而话语策略也建立在认知机制的基础之上。本书依据这一互动关系构建了认知机制与话语策略互动模型，这也是本书最大的创新之处。

6.3　本研究对"一带一路"语篇分析的启示

从批评认知的视角对"一带一路"新闻语篇进行研究具有重要意义。一方面,将批评认知语言学理论用于新闻语篇分析,将为解读新闻语篇背后的隐性话语和意识形态意义提供新的视角。另一方面,作为媒体语篇的一种,新闻语篇包含的主题非常复杂,以往 DALP 研究的媒体语篇主要聚焦在政治语篇,忽视了外宣报道新闻语篇。本书研究对象选取了海外网丝路频道"一带一路"新闻语篇,在 DALP 的研究对象方面进行了拓展。在语料选取方面,研究选用了近一年的"一带一路"的不同版面和主题的报道,旨在为批评认知视角下的语篇分析提供多层次佐证。研究的结论和研究所构建的批评认知视角下的新闻语篇分析模型将适用于其他语种,也将适用于其他类型的新闻语篇,因为新闻语篇都涉及语篇生成者的驱动和引导目的,也都涉及语篇理解者的认知理解。另外,本书进一步验证了认知语言学的解释力。认知语言学的研究方法和具体的识解操作方式为 DALP 研究提供了新的路径,彰显了其解释力,也发现了其理论不足之处。

6.4　本研究的局限性

本书基于 DALP 与认知语言学相结合的研究框架,从批评认知的角度对"一带一路"新闻语篇的认知机制和话语策略进行研究,尝试对新闻语篇认知机制与话语策略的互动关系模型提出构想。本研究的局限性体现在以下四个方面：

第一，本书研究的语料局限在汉语的"一带一路"新闻语篇中，语料来自海外网丝路频道，不能完全反映出"一带一路"新闻语篇的全貌。由于语料分析主要用于语篇认知机制的解读和话语策略的应用，因此没有凸显其他语种在语篇结构、语言表达、话语策略等方面的分析。

第二，在认知机制与话语策略之间互动关系方面，本书主要从概念化和范畴化的角度对不同话语策略进行认知识解，没有关注认知语言学中的其他识解理论，如图形/背景（figure）、注意（attention）和视角（perspective）等。因此在新闻语篇的认知机制方面无法做全面的研究。

第三，本书在阐述"一带一路"新闻语篇认知机制与话语策略之间相互关系的基础上，构建了批评认知视角下的宏观策略、微观策略与认知机制相结合的理论建构模式。由于本书从批评认知的视角对"一带一路"新闻语篇这一语类展开研究，是一次应用性尝试，属于阶段性研究。因此没有进行其他语种的适用性分析，未验证此理论建构在其他语言的可行性和实践效果。

第四，认知语言学研究本身存在不足，例如认知语言学的研究方法主观性太强，缺乏翔实的语料基础和论证。虽然金无足赤，但这也是本研究理论上的缺陷之一。

6.5 未来研究建议

本书是运用批评认知语言学理论结合 DALP 研究"一带一路"新闻语篇的一次尝试，局部地反映了批评认知语言学对不同语篇的解释力。研究通过对"一带一路"新闻语篇的批评认知解读，从语篇的认知机制和话语策略两个层面展开分析。在阐述两者之间互动关系的基础上，在微观的批评认知语言学视角下，建构起认知机制与话语策略互动关系模型，体现出宏观策略、微观策略与认知机制相结合的理论建构模式。这一研究结论属于阶段性研究成果，未来还有很多进一步研究的空间。

第一，在认知语言学理论与 DALP 融合方面，回顾本书的研究，批评认知语言学为 DALP 的多学科、多视角的研究提供了新的路径和方法。依据批评认知语言学理论研究"一带一路"新闻语篇将为语篇研究注入新的活力。目前，运用批评认知视角研究语篇大多从隐喻、转喻、范畴化等理论视角出发，没有覆盖认知语言学的其他识解理论。如何在未来的研究中继续推动 DALP 的认知视角研究，从比较（comparison）、注意（attention）和视角（perspective）、图式化、范畴化、隐喻、图形/背景（figure）等识解操作进行研究，使认知语言学研究为 DALP 分析提供一个相对连贯、系统的理论构架，构建起批评认知视角对语篇分析的全貌，是未来需要逐步推进的。

第二，在语言例证方面，本书选取了汉语的"一带一路"新闻语料，旨在验证批评认知语言学对不同语篇的解释力。本书主要结合语料分析突出语篇认知机制和话语策略之间关系的构建。在跨语言研究层面，未来有待从批评认知视角，对不同语种的语篇展开比较研究，为批评认知语言学的语篇研究提供更多语言佐证。

第三，DALP 呈现出动态发展的趋势，过去 DALP 的研究学者在该领域已作出了巨大成绩。我们今天需要整合研究趋势，新的研究学者应引领 DALP 的研究方向。未来的 DALP 的研究有两个发展动向：（1）在研究方法方面继续创新。DALP 的跨学科属性，以及多元化的发展趋势越来越明显。因此很多学者尝试运用新的研究方法进行 DALP 研究，例如将语料库语言学、进化心理学、民族志视角、认知语用学视角融入 DALP 的研究；Hart（2011）、Hart（2013）、Chilton 和 O'Halloran 等学者尝试从认知语言学视角研究语篇。这些研究都丰富了 CDA 的研究空间。（2）在研究对象方面，DALP 研究的触角可以进一步延展。由于 DALP 关注政治语篇和社会语篇，因此，DALP 的研究必然受政治、经济、文化等因素影响。通过 DALP 研究当今政治、社会、农业、文化等问题，可以更好地体现 DALP 的研究潜质。我们相信，在全球化的背景下 DALP 未来的研究将更加丰富多彩。

参考文献

1. 陈莉霞，凌燕，大学英语课堂学生话轮沉默的认知语用多角度分析［J］. 西安工程大学学报，2012（2）：271-274.

2. 陈鹤三. 再论批评话语分析的认知层面［J］. 外语研究，2011（4）：23-29.

3. 陈向明. 质的研究方法与社会科学研究［M］. 北京：教育科学出版社，2000.

4. 邓丽君，荣晶. 批判语言学中的隐喻［J］. 云南师范大学学报，2004（3）：60-63.

5. 丁建新，泰勇. 社会认知批评话语分析中的非政治化和突生结构——以龙卷风Sandy新闻报道为例［J］. 外语研究，2013（2）：8-13.

6. 冯·戴伊克，从语篇语法到批评性话语分析——简要的学术自传（高彦梅译）［J］. 语言学研究，2004（4）：189-207.

7. 冯军伟. 认识情态与传信情态［J］. 云南师范大学学报（对外汉语教学与研究版），2012，10（04）.

8. 范俊军. 生态语言学述评［J］. 外语教学与研究，2005（2）：110-115.

9. 胡壮麟，朱永生. 系统功能语言学概论［M］. 北京大学出版社，2005.

10. 黄知常. 语用生态文明意义初探 [J]. 南华大学学报（社会科学版），2002（2）：63-67.

11. 黄知常，舒解生. 生态语言学：语言学研究的新视角 [J]. 南华大学学报（社会科学版），2004（2）：68-72.

12. 黄国文，徐珺. 语篇分析与话语分析 [J]. 外语与外语教学，2006（10）：1-6.

13. 黄国文. 生态语言学的兴起与发展 [J]. 中国外语，2016（1）：9-12.

14. 洪艳青，张辉. 认知语言学与意识形态研究 [J]. 外语与外语教学，2002（2）：5-9.

15. 纪玉华，陈燕. 批评话语分析的新方法：批评隐喻分析 [J]. 厦门大学学报（哲学社会科学版），2007（6）：42-48.

16. 李克. 批评转喻分析模式初探 [J]. 当代修辞学，2011（4）：78-84.

17. 李福印. 认知语言学概论 [M]. 北京大学出版社，2008.

18. 陆俭明. 汉语语法语义研究新探索（2000—2010 演讲集）[M]. 商务印书馆，2010.

19. 苗兴伟. 语篇分析的进展与前沿 [J]. 外语学刊，2006（1）：44-49.

20. 钱毓芳，田海龙. 话语与中国社会变迁：以政府工作报告为例 [J]. 外语与外语教学，2011（3）：40-43.

21. 束定芳. 隐喻学研究 [M]. 上海：上海外语教育出版社，2000.

22. 束定芳. 论隐喻的认知功能 [J]. 外语研究，2011（2）：45

–57.

23. 束定芳. 论隐喻的运作机制［J］. 外语教学与研究，2002
（2）：98-106.

24. 束定芳. 认知语义学［M］. 上海：上海外语教育出版社，
2008.

25. 束定芳. 隐喻与转喻研究［M］. 上海：上海外语教育出版
社，2011.

26. 戴维·克里斯特尔编，沈家煊译. 现代语言学词典（第四版）
［M］. 北京：商务印书馆，2000.

27. 唐韧. 批评话语分析之认知语言学途径：以英国媒体移民话语
为例［J］. 外语研究，2014.（6）：18-22.

28. 田海龙. 认知取向的批评话语分析：两种路径及其特征［J］.
外语研究，2013（2）：1-7.

29. 田海龙. 批评话语分析的社会语言学学科属性［J］. 中国社会
语言学，2012a（1）：107-116.

30. 田海龙. 语篇研究：范畴、视角、方法［M］. 上海：上海外
语教育出版社，2009.

31. 田海龙. 语篇研究的批评视角［J］. 外语教学与研究，2008
（5）：339-344.

32. 田海龙，陈洁. 征求意见中的话语策略：一则"征求意见稿"
批评话语分析的启示［J］. 当代中国话语研究，2012（4）：8-16.

33. 田海龙. 话语功能性与当代中国新话语［J］. 广东外语外贸大
学学报，2012b（6）：8-11.

34. 唐青叶，语篇语言学［M］. 上海大学出版社，2009.

35. 辛斌. 批评语言学：理论及应用［M］. 上海：上海外语教育

出版社，2005.

36. 辛斌. 英语语篇的批评性分析刍议 [J]. 四川外语学院学报，1997（4）：27.

37. 辛斌. 批评语言学与英语新闻语篇的批评性分析 [J]. 外语教学，2000（4）：15.

38. 辛斌. 批评语篇分析的社会和认知取向 [J]. 外语研究，2007（6）：19-20.

39. 徐赳赳. Van Dijk 的话语观 [J]. 外语教学与研究，2005（5）：358-361.

40. 徐盛恒. 从心智到语言——心智哲学与语言研究的方法论问题 [J]. 当代外语，2012（4）：27-29.

41. 王文斌. 隐喻的认知构建与解读 [M]. 上海：上海外语教育出版社，2007.

42. 王晋军. 绿色语法与生态和谐 [J]. 华南理工大学学报（社会科学版），2006（2）：57-60.

43. 王晋军. 生态语言学——语言学研究的新视域 [J]. 天津外国语学院学报，2007（1）：53-57.

44. 王寅. 认知语法概论 [M]. 上海外语教育出版社，2006.

45. 王寅. 认知语言学 [M]. 上海外语教育出版社，2007.

46. 汪徽，张辉. 批评认知语言学的研究途径——兼评 Van Dijk 的《话语与语境》和《社会与话语》[J]. 外语研究，2014（3）：45-48.

47. 武建国. 批评话语分析：争议与讨论 [J]. 外语学刊，2015（2）：76-81.

48. 武建国，林金容. 批评话语分析：诠释与思考 [J]. 现代外语，2015（4）：555-564.

49. 张辉, 杨波. 心理空间与概念整合: 理论发展及其应用 [J]. 解放军外国语学院学报, 2008 (1): 7-14.

50. 张辉, 卢卫中. 认知转喻 [M]. 上海: 上海外语教育出版社, 2010.

51. 张辉, 江龙. 试论认知语言学与批评话语分析的融合 [J]. 外语学刊, 2008 (5): 12-19.

52. 张辉, 张天伟. 批评话语分析的认知转喻视角研究 [J]. 外国语文, 2012 (3): 32-35.

53. 张天伟. 认知转喻的研究路径: 理论与应用 [J]. 外语教学, 2011 (3): 14-18.

54. 张天伟, 卢卫中. 省略的认知转喻解读 [J]. 天津外国语大学学报, 2012 (2): 23-24.

55. 张天伟. 基于进化心理学的批评话语研究 [J]. 外语与外语教学, 2016.

56. 朱建新. 隐喻含义的认知阐释 [J]. 外语与外语教学, 2009 (4): 18-21.

57. 朱新秤. 进化心理学 [M]. 上海: 上海教育出版社, 2006.

58. 朱炜. 试论隐喻的意识形态性 [J]. 南京社会科学, 2010 (7): 136-142.

59. 赵霞. 论隐喻识解中认知语境的制约性 [J]. 外语与外语教学, 2008 (9): 22-24.

60. 赵霞. 基于意义进化理论的语法隐喻研究 [J]. 内蒙古大学学报 (哲学社会科学版), 2012 (4): 95-100.

61. 赵芃, 田海龙. 批评性语篇分析之批评: 评介与讨论 [J]. 南京社会科学, 2008 (8): 143-147.

62. 邹素. 批评话语分析的认知研究模式探析 [J] . 齐齐哈尔师范高等专科学校学报, 2009 (5): 51-52.

63. Bednarek, M. 2006a. Epistemological positioning and evidentiality in English news discourse: A text-driven approach [J] . Text & Talk 26 (6): 635-660.

64. Bednarek, M. 2006b. Evaluation in media discourse: Analysis of a newspaper corpus [M] . London: Continuum.

65. Cap, P. 2014. Applying cognitive prag matics to critical discourse studies: A proximization analysis of three public space discourse [J] . Journal of pragmatics 70: 16-30.

66. Chilton, P. 2004. Analysing political discourse: Theory and practice [M] . London: Routledge.

67. Chilton, P. and G. Lakoff (1995) . Foreign policy by metaphor. In C. Schäffner and A. I. Wenden (eds), Language and peace [A] . Aldershot: Ashgate, 37-60.

68. Chilton, P. 2005a. Missing Links in Mainstream CDA: Modules, Blends and the critical Discourse Analysis [M] . Amsterdam: John Benjiamins.

69. Chilton, P. 2011. Language Structure and Geometry [M] . Cambrdige: Cambridge University Press.

70. Chilton, P. 2014. Language, Space and Mind [M] . Cambrdige: Cambridge University Press.

71. Chilton, P. , H, Tian & R. Wodak, 2012. Reflections on discourse and critique in China and the West [A] . In P. Chilton, H, Tian & Wodak (eds) . Discourse and Socio - Political Transformations in Contemporary

China [C]. Amsterdam: John Benjamins, 1-18.

72. Croft, W. and D. A. Cruse (2004). Cognitive linguistics [M]. Cambridge: Cambridge University Press.

73. Evans & Green. N. Cognitive Linguisties An Introduction [M]. Edinburgh University Press, 2006.

74. Fairclough, N. Language and Power [M]. London/ New York: Longman, 1989.

75. Fairclough, N. Discourse and Social Change [M]. Cambridge: Polity Press, 1992.

76. Fairclough, N. CDA: the Critical Study of Language [M]. Longman, 1995.

77. Fairclough, N. and R. Wodak (1997). Critical discourse analysis. In T. A. van Dijk (ed.), Discourse as social interaction. Discourse studies: A multidisciplinary introduction. Vol. 2 [M]. London: Sage, 258-284.

78. Fairclough, N., 2001. Critical discourse analysis as a method in social scientific research [A]. In R. Wodak &Meyer (eds). Methods of Critical Discourse Analysis [C]. London: Sage Publication, 121-138.

79. Fairclough, N. Analysizing Discourse [M]. Routledge, 2003.

80. Fairclough, N. Discourse in Contemporary Social Change [M]. Peter Lang Publishing Group, 2007.

81. Fauconnier, G. (1985). Mental spaces: Aspects of meaning construction in naturallanguage [M]. Cambridge: Cambridge University Press.

82. Fauconnier, G. (1994). Mental spaces: Aspects of meaning construction in natural language. 2nd edn [M]. Cambridge: Cambridge Univer-

sity Press.

83. Fauconnier, G. (1997). Mappings in thought and language [M]. Cambridge: Cambridge University Press.

84. Fauconnier, G. (1999). Methods and generalizations. In T. Janssen and G. Redeker (eds), Cognitive linguistics: Foundations, scope and methodology [M]. Berlin: Mouton DeGruyter, 95-128.

85. Fauconnier, G. & M. Turner. 1996 Blending as a central process of grammar [A]. InM. Adele Goldberg (ed.) Conceptual Structure, Discourse and Language [C]. Stanford: CSLI Publications.

86. Fillmore, C. J. 1982. Frame semantics, In Linguistics in the morning calm, The Linguistic Society of Korea ed. Hanshin Publishing Co. Seoul, 111-137.

87. Fill, A. , 2001. Language and ecology. Ecolinguistic perspective for 2000 and beyond [M] D. Graddol Applied Linguistics for the 21st Century London Catchline.

88. Fowler, R. (1985). Power. In T. A. Van Dijk (ed.), Handbook of discourse analysis. Vol. 4: Discourse analysis in society [A]. Orlando: Academic Press, 61-82.

89. Fowler, R. Notes on critical linguisties [A]. R. Steele& T. Threadgold. Language Topies: Essays in honour of Michael Halliday [C]. Amsterdam/Philadelphia: John Benjamins, 1987.

90. Fowler, R. Critical linguistics [A]. Malmkjoer, K. The Linguistics Encyclopedia [M]. London: Routledge, 1991a.

91. Fowler, R. Language in the News: Discourse and Ideology in the Press [M]. London/New York: Routledge, 1991b.

92. Fowler, R. , Hodge, B. , Kress, G. & Trew, T. Language and Control [M] . London: Routledge and Kegan Paul, 1979.

93. Goatly, A. (1996) . Green grammar and grammatical metaphor, or language and the myth of power, or metaphors we die by [A] . Journal of Pragmaticas, 25 (4) : 537-560.

94. Goatly, A. (1997a) . A response to Schleppegrell: What makes a grammar green [A] . Journal of Pragmaticas, 28 (2): 249-251.

95. Goatly, A. (1997b) . The language of Metaphors [M] . London: Routledge.

96. Goatly, A. (2000) . Critical Reading and Writing: An Introductury Coursebool. London: Routledge.

97. Hagen, E. H. (2005) . Controversial issues in evolutionary psychology. In D. M. Buss (ed.), The handbook of evolutionary psychology. Hoboken, NJ: Wiley, 145-176.

98. Halliday, M. A. K. Language structure and language function [A] . J. Lyons. New Horizons in Linguistics [C] . Harmondsworth: Penguin, 1970.

99. Halliday, M. A. K. (1970) . (2002) . Modes of meaning and modes of expression: Types of grammatical structure and their determination by different semantic functions. In J. Webster (ed.), On grammar [M] . London: Continuum, 196-218.

100. Halliday, M. A. K. Language As Social Semiotic: The social interpretation of language and meaning [M] . London: Edward Arnold, 1978.

101. Hallidy, M & Hasan, R. Language, Context and Text [M] . Geelong, Victoria: Deakin University Press, 1985.

102. Halliday, M. A. K. and R. Hasan (1976). Cohesion in English [M]. London: Longman.

103. Halliday, M. A. K. 1990. New ways of meaning: The challenge to applied linguistics [J]. Journal of Applied linguistics (6): 66-68.

104. Hart, C. (2005). Analysing political discourse: Toward a cognitive approach [J]. Critical Discourse Studies 2 (2): 189-201.

105. Hart, C. (2007). Critical discourse analysis and conceptualisation: Mental spaces, blended spaces and discourse spaces in the British National Party. In C. Hart & D. Lukes (eds), Cognitive linguistics in critical discourse analysis: Application and theory [A]. Newcastle: Cambridge Scholars Press, 107-131.

106. Hart, C. (2008). Critical discourse analysis and metaphor: Toward a theoretical framework [J]. Critical Discourse Studies 5 (2): 91-106.

107. Hart, C. and D. Lukes (eds) (2007). Cognitive linguistics in critical discourse analysis: Application and theory [M]. Newcastle: Cambridge Scholars Press.

108. Hart, C, Critical Discourse Analysis and Cognitive Science: New Perspectives on Immigration Discourse [M]. Basingstoke: Palgrave Macmillan, 2010.

109. Hart, C. 2011. Legitimising assertions and the logico-rhetorical module: Evidence and epistemic vigilance in media discourse on immigration [J]. Discourse Studies 13 (6): 751-769.

110. Hart, C. 2011b. Moving beyond metaphor in the Cognitive Linguistic Approach to CDA: Construal operations in im migration discourse. Critical Discourse Studies in Contextand Cognition. Amsterdam: John Benja-

mins, 171-192.

111. Hart, C. 2011a. Force - interactive patterns in immigration discourse: A cognitivelinguistic approach to CDA [J]. Discourse & Society 22 (3): 269-286.

112. Hart, C. 2013. Argumentation meets adapted cognition: Manipulation in media discourse on immigration [J]. Journal of Pragmatics 59: 200-209.

113. Hart, C. & Cap 2014a. Contemporary Critical Discourse Studies [C]. Bloomsbury. 2014

114. Hart, C. 2014b. Discourse Grammar and Ideology [M]. Bloomsbury. 2014.

115. Hunston, S. (2000a). Editor's introduction. In S. Hunston and G. Thompson (eds), Evaluation in text: Authorial stance and the construction of discourse [J]. Oxford: Oxford University Press, 38-39.

116. Hunston, S. and G. Thompson (eds) (2000). Evaluation in text: Authorial stance and the construction of discourse [M]. Oxford: Oxford University Press.

117. Kress, G. & Hodge, R. Language as Ideology [M]. London: Routledge & Kegan Paul, 1979.

118. Kress, G. Critical discourse anaylysis [J]. Annual review of applied linguistics, vol. 11, 1990.

119. Lakoff, G. (1987). Women, fire, and dangerous things: What categories reveal about the mind [M]. Chicago: University of Chicago Press.

120. Lakoff, G. (1991). Metaphor and war: The metaphor system

used to justify the war in the gufl [J]. Journal of Urban and Cultural Studies 2: 59-72.

121. Lakoff, G. (1993). The contemporary theory of metaphor. In A. Ortony (ed.), Metaphor and thought. 2nd edn [M]. Cambridge: Cambridge University Press, 202-251.

122. Lakoff, G. and M. Johnson (1980). Metaphors we live by [M]. Chicago: University of Chicago Press.

123. Langacker, R. W. (1991). Foundations of Cognitive Grammar, Vol. I II: Descriptive application [M]. Stanford: Stanford University Press.

124. Langacker, R. W. (2002). Concept, image, and symbol: The cognitive basis of grammar. 2nd edn [M]. Berlin: Mouton de Gruyter.

125. Langacker, R. W. (2008). Cognitive grammar: A basic introduction [M]. Oxford: Oxford University Press.

126. Lemke, J, 2002. Ideology, intertextuality and the communication of science [A]. In P. Fries, M. Cummings, D. Lockwood & W. Spruiell (eds). Relations and Functions within and around Language [C]. London/New York: Continuum, 32-35.

127. Levinson, S. C. (1983). Pragmaties [M]. Cambridge: Cambridge University Press. (2000).

128. Lyons, J. (1977). Semantics [M]. Cambridge: Cambridge University Press.

129. Maalej, Z. (2007). Doing critical discourse analysis with the contemporarytheory of metaphor : Toward a discourse model of metaphor. In C. Hart and D. Lukes (eds), Cognitive linguistics in critical discourse analysis: Application and theory [C]. Newcastle: Cambridge Scholars Press,

132-158.

130. Maillat, D. and S. Oswald (forthcoming) (2010). Constraining context: A pragmatic account of cognitive manipulation. In C. Hart (ed.) [J]. Critical discourse studies in context and cognition.

131. Marmaridou, S. (2000). Pragmatic meaning and cognition [M]. Amsterdam: John Benjamins.

132. Marchin, D& A. Mayr, 2012. How to Do Critical Discourse Analysis [M]. London: Sage Publications.

133. Monika B & C, Helen (2014). Why do news values matter? Towards a new methodological framework for analyzing news discourse in critical discourse analysis and beyond [J]. Discourse & Society 25 (2): 135-158.

134. Mühlhäusler, P. (2001a). Eeolinguistics, linguistic diversity, ecological diversity. In L. Maffi (Ed), On Biocultural Diversity: Linking language, Knowledge, and the environment [M]. Washington, DC: Smithsonian Institution Press, 133-144.

135. Mühlhäusler, P. (2001b). Talking about environmental issues. In A. Fill&P. Muhlhausler (Eds.) [C]. The Ecolinguistics Reader: Language, ecology and environment London & New York: Continuum: 31-42.

136. Mühlhäusler, P. (2003). Language of Enviornment, Environment of language [M]. London: Battlebridge.

137. Neuberg, S. and C. Cottrell (2006). Evolutionary bases of prejudices. In M Schaller, J. Simpson and D. Kenrick (eds), Evolution and social psychology [M]. NewYork: Psychology Press, 163-187.

138. Nilsen. H. R. & M. B. Ellingsen, 2015. The power of environmental indifference: A critical discourse analysis of a collaboration of tourism

firms [J] . Ecological Economics 109: 26-33.

139. Nuyts, J. (2001). Epistemic modality, language, and conceptu-alization [M] . Amsterdam: John Benjamins.

140. Oakley, T. (2005). Force-dynamic dimension of rhetorical effect. In B. Hampeand J. E. Grady (eds). From perception to meaning: Image schemas in cognitive [J] . Discourse & Society 22, 56-59.

141. Obseng, S. G. 1997. Language and politics: Indirectness in politi-cal discourse [J] . Discourse & Society 8: 49-83.

142. O'Halloran, K. 2003. Critical discourse analysis and language cog-nition [M] . Edinburgh: Edinburgh University Press.

143. O'Halloran, K. 2005. Mystification and social agent absences: A critical discourse analysis using evolutionary psychology [J] . Journal of Pragrmatics 37 (12): 1945-1964.

144. O'Halloran, K. (2007b). Critical discourse analysis and the cor-pus informed interpreta-tion of metaphor at the register level [J] . Applied Linguistics 28 (1) : 1-24.

145. Origgi, G. and D. Sperber (2000). Evolution, communication and the proper function of language. In P. Carruthers and A. Chamberlain (eds), Evolution and the human mind: Modularity, language and meta-cog-nition [M] . Cambridge: Cambridge University Press. pp. 140-169.

146. Palmer, F. (1986). Mood and modality [M] . Cambridge: Cambridge University Press.

147. Palmer, F. (2003). Modality in English: Theoretical, descriptive and typologicalissues. In R. Facchinetti, M. Krug and F. Palmer (eds) [J] . Modality in contemporary English. Berlin: Mouton de Gruyter, 1-20.

148. Pennycook, A. Incommensurable discourses [J]. Applied Linguistics, 1994, 15 (2): 115-137.

149. Reisigl, M. and R. Wodak (2001). Discourse and discrimination: Rhetories of racismand anti-Semitism [M]. London: Routledge.

150. Richardson, J. E. (2007). Analysing newspapers: An approach from critical discourseanalysis [M]. Basingstoke: Palgrave Macmillan.

151. Saussure, F. 2001 Course in General Linguistics [M]. Beijing: Foreign Language Teaching and Research Press. Gerald Duckworth & Co. Ltd.

152. Saeed, J. L. (2003). Semantics. 2nd edn [M]. Oxford: Blackwell.

153. Santa Ana, O. (1999). "Like an animal I was treated": Anti-immigrant metaphorin US public discourse [J]. Discourse & Society 10 (2): 191-224.

154. Schaller, M., J. Faulkner, J. H. Park, S. L. Neuberg and D. T. Kenrick (2004). Impressions of danger influence impressions of people: An evolutionary perspective on individual and collective cognition [J]. Journal of Cultural and Evolutionary Psychology 2: 231-147.

155. Schaller, M. and S. Neuberg (2008). Intergroup prejudices and intergroup conflicts. In C. Crawford and D. Krebs (eds), Foundations of evolutionary psychology [M]. Mahwah NJ: Lawrence Erlbaum Associates, 401-414.

156. Schaller, M., J. H. Park and J. Faulkner (2003). Prehistoric dangers and contemporary prejudices [J]. European Review of Social Psychology 14: 105-137.

157. Schmitt, D. P. (2008). Evolutionary psychology research meth-

ods. In C. Crawford and D. Krebs (eds), Foundations of evolutionary psychology [M]. London: LawrenceErlbaum Associates, 215-238.

158. Searle, J. (1969). Speech acts: An essay in the philosophy of language [M]. Cambridge: Cambridge University Press.

159. Semino, E. (2008). Metaphor in discourse [M]. Cambridge: Cambridge University Press.

160. Simpson, P. Language, Ideology and Point of View [M]. London/New York: Routledge, 1993.

161. Solin, A. 2004 Intertextuality as mediation: On the analysis of intertextual relations in public discourse [J]. Text, 24 (2): 267-296.

162. Sperber, D., F. Cara and V. Girotto (1995). Relevance Theory explains the selection task [J]. Cognition 57: 31-95.

163. Sperber, D. and D. Wilson (1995). Relevance: Communication and cognition. 2nd edn [M]. Cambridge, MA: Blackwell Publishers.

164. Stubbs, M. (1996). Text and corpus analysis: Computer - assisted studies of language and culture [M]. Oxford : Blackwell.

165. YuFang Qian. Discursive Constructions around Terrorism in the People's Daily and The Sun before and after 9. 11 [D]. Lancaster: Lancaster University. 2008.